古神密碼

《由山海經到蘇美神話》

華夏・印度・蘇美・希臘・埃及
英雄・女神・聖獸・神龍・永生
上古神話**基因密碼**大破譯

列宇翔 著

推薦序

當知道若愚兄在今年書展有新書出版時，自己是非常期待，畢竟在現在香港的出版業越來越不景氣，能夠出一本小衆以上古神話作題材的新書的確不容易。

今次以講述古今中外神話故事爲核心，嘗試串連世界各地神話背後的脈絡，利用神話、歷史故事解開衆多謎團，若愚兄追尋的答案，相信只有一個，世界上的文明是否由一個原始文明開始的，而且神話故事是否眞實發生過，只不過經過人類從口述到文字的詮釋，而形成世界各地的神話。

這本《古神密碼》是一本非常有趣的書，它不是傳統的神話故事，它嘗試將一塊零碎的砌圖中，還原神話中部分答案。熟識的神話人物，卻能解釋另一個文明的疑問。喜愛神話學的朋友，大家一定要支持這本《古神密碼》!

《深層政府》、《陰謀論事典》系列作者，《無奇不有》主持

關加利

前言

小時候，神話故事是我的精神食糧。從圖書館借來一大堆兒童版希臘神話、北歐神話、中國神話，回家躺在床上讀得津津有味，有時讀著讀著睡著了，夢裡還會發個亂七八糟又神仙又怪獸的夢，好不過癮。

及至年紀漸長，眼界漸開，接觸到各式各樣的作品，小說、卡通、漫畫，這些後起之秀自然較「古樸」的神話更吸引，但偶然連小孩子的我也看得出某些現代故事的某些情節其實暗暗地「抄考」了古老神話；慢慢才弄懂，原來神話是創作人的寶庫。它雖古老，卻不落伍。近廿年風靡全球的荷里活超級英雄電影便是一例：Marvel電影的索爾（Thor）、洛基（Loki）、奧丁（Odin）三父子固然取材自北歐神話；DC電影的神奇女俠（Wonder Woman）亦借鑑了希臘神話中的亞馬遜女戰士與雅典娜。

青少年時偶然再次翻閱這些神話（當然不再是兒童版本），發現神話世界遠比印象中複雜。希臘的太陽神究竟是希路斯還是阿波羅？中華創世神是昊天上帝還是盤古？究竟開天闢地的是盤古巨人抑或印度原初巨人布盧沙？爲什麼世界各地皆有巨人神話？孫悟空的原型是否神猴哈奴曼？隨著涉獵漸廣，一個又一個的神話著作來到我眼前，方發現原來神話和古老宗教難分難捨：信者，蛇誘惑夏娃是宗教典故；信徒以外者，蛇與撒旦只是神話。信者，北歐諸神也成爲奧丁教（Odinism），不信者只是一個有趣的故事。而這些宗教、神話亦屢見「血統不純」，當教徒把其信仰視爲唯一眞理，卻不知或不肯承認其教內經典的故事，可能也是「借來」、「挪用」或「改編」得來。

這些古老神話其來有自，但就算專家亦很難完全將其來龍去脈說得清，往往追溯至某個時點某種狀態便行人止步，有時受制於「硬證據」不夠，有時受限於「嚴謹的學術要求」而不敢越雷池半步，有時受礙於幻想力不足而否定直覺。就算有研究者下功夫將不同神話的脈絡串連起來，通常亦顯得十分小心翼翼，因爲學術名聲珍貴，這對東方的學者來說尤其如此。於是我們認識的神話世界往往仍是壁壘分明的世界，中華神話是中華神話、希臘神話是希臘神話，兩者風馬牛不相及，不能相提並論。筆者不是學者，只是愛好者，於是得以放飛自我，把多年來搜羅的發現的無意遇到的靈光一閃的種種線索舖陳出來，亦由於這本書絕非「學術著作」(當然了廢話)，我會把它視爲神神化化的神話狂想曲：后羿(羿)與海克力斯暗藏基因密碼？王母娘娘與埃及女神有隱性關連？古代有機械人？中華龍與西方龍是類似物種？教科書和正經人認爲無稽的，正是我想說的。

說了這麼一大輪，其實本書想破解什麼密碼？看下去就是了。

目錄

Chapter 3 龍蛇密碼

CHAPTER 1 英雄密碼

上古英雄密碼——
海克力斯、大羿、吉爾伽美什、埃斯凡迪亞爾

在神話中，英雄通常代表著勇氣、智慧和超越凡人的能力。他們的故事往往涉及試煉、冒險和成長，反映出人類對於挑戰與救贖的渴望。

美國神話學者約瑟夫·坎伯（Joseph Campbell）在《千面英雄》中提出了「英雄旅程」的概念，認爲世界各地的神話英雄都遵循類似的模式：召喚、啟程、試煉、啟蒙、回歸。英雄的試煉象徵著個人成長，更是人類心理與社會價值的反映，而他們的勝利則代表著希望與救贖。

世上的英雄神話不時出現十分雷同的情節，用「英雄旅程」來解構無疑是一種聽起來像模像樣的學術解釋，但僅僅如此難免忽略了一種奧妙而難以解釋的世界上古神話隱秘關連，這些隱密而曲折的線索，或許暗藏了上古神話的秘密。

爲我們踏上探索神秘線索的起點，是希臘神話中的英雄海克力斯（Hercules，Heracles）。

希臘英雄海克力斯

希臘神話英雄海克力斯悲慘一生

衆所周知，衆神之主宙斯經常從奧林匹斯山的家中溜出，去勾引仙女和凡間女子。赫拉是宙斯的妻子，衆神之王后，婦女、婚姻和家庭女神，她對丈夫的衆多情婦和私生子充滿嫉妒和報復心。但宙斯對老婆的妒火視若無睹。

有一次，宙斯看上了一位名叫阿爾克墨涅(Alcmene)的凡間女子。宙斯使出神力將自己僞裝成阿爾克墨涅的丈夫安菲特律翁。阿爾克墨涅認不出自己的戀人，將衆神之王迎上了她的床。當晚，她就懷孕了，後來生了一個兒子，那就是海克力斯，希臘文意爲「赫拉的光榮禮物」。

赫拉知道丈夫的婚外情後怒火中燒，決心要殺死宙斯的私生子。她派了兩個女巫去阻止孩子的出生，但她們受阿爾克墨涅的僕人欺騙，去錯了另一個房間。隨後，赫拉又派出兩條蛇，意圖把嬰兒從睡夢中勒死。可是，海克力斯的父親乃宙斯，雖然尚是襁褓嬰孩，血統上畢竟是半神，力量異常強大，他抓住兩條蛇，於是二蛇未來得及勒死小嬰兒，自己先被勒死了。

嬰兒海克力斯扼殺兩蛇

神話的另一個版本說，阿爾克墨涅將孩子遺棄在森林中，以保護他免受赫拉謀害。但女神雅典娜發現了嬰兒，把他帶到赫拉面前，聲稱孩子是被遺留在森林裡的孤兒。赫拉讓海克力斯吸吮自己的乳房，直到嬰兒咬住乳頭，她才將他推開，乳汁灑在夜空中，形成了銀河。赫拉把嬰兒還給了雅典娜，讓她親自照顧嬰兒。由於海克力斯曾受天后的乳汁餵養，無意中獲得了更多的力量和權力。

無論哪個版本也好，海克力斯總算活了下來，成長爲一名偉大的戰士。他聽說底比斯軍隊被米尼安人擊敗，於是率領一隊底比斯戰士擊敗了米尼安人，恢復了底比斯的秩序。爲了表示感謝，底比斯國王克瑞翁將自己的長女墨伽拉嫁給了這位英雄。海克力斯和墨伽拉結婚並生下了三個強壯的兒子，本來可以幸福生活，但嫉妒的赫拉不想放過他。

赫拉施法影響海克力斯的思想，使他陷入瘋狂，殘忍地殺害了心愛的妻兒，直到雅典娜用石頭將他打暈。醒來後，他對自己所做的事感到無比悲痛，本想自殺，但表弟忒修斯說服他，這樣做是懦弱的。

海克力斯懷著悲痛的心，尋求贖罪之法，於是前往德爾菲詢問宙斯的兒子、太陽神阿波羅，應該怎麼做才能使靈魂擺脫邪惡。神諭告訴他，他必須爲殘暴的國王歐律斯透斯服務十二年，完成十二項不可能的任務，即十二項功業。阿波羅還承諾他，當完成懲罰後，他的靈魂將被洗淨，可以加入成爲奧林匹斯山上的衆神。

海克力斯十二項任務

海克力斯被指派的十二件不可能的任務，包括：

一、殺死尼米亞的獅子(The Nemean Lion)

二、斬殺九頭蛇妖(The Nine-headed Lernaean Hydra)

三、活捉克列尼亞的母鹿（The Golden Hind）

四、生擒艾里圖曼的野豬（The Erymanthian Boar）
五、清理奧格亞斯的牛棚（The Augean Stable）
六、清除斯廷法洛斯島上的食人鳥（The Stymphalian Birds）
七、捕獲克里特公牛（Cretan Bull）
八、偸走狄俄墨得斯的食人馬（Mares of Diomedes）
九、奪取亞馬遜女王的腰帶（Obtain the Girdle of Hippolyta, Queen of the Amazons）
十、奪取巨人格里翁的牛群（Obtain the Cattle of the Giant Geryon）
十一、盜取金蘋果（Steal the Apples of the Hesperides）
十二、捕獲哈迪斯的地獄犬（Capture Kerbros Hades' Watchdog）

「十二功業」之中多項事跡，本文容後細述，因爲這正是本書欲探索的第一個密碼。

完成十二項功績後，海克力斯並未獲得自由，因爲奧林帕斯山的衆神之后赫拉仍不放過他，使他再次瘋狂——殺死了俄卡莉亞的王子伊菲托斯。這次海克力斯必須賣身爲奴以贖罪，他成爲了呂底亞女王翁法勒的財產，女王讓這位英雄穿上女裝，與宮廷其他女士一起做針線活。翁法勒最終將他視爲自己的愛人，並釋放了他。

隨後，他遠征特洛伊，並在其他英雄的幫助下征服了特洛伊（遠在特洛伊戰爭之前），然後又捲入了與西西里泰坦巨人的戰爭。幾個世紀前，泰坦巨人曾被宙斯擊敗，但後來又復活了，根據預言，這次衆神只有在凡人英雄的幫助下才能獲勝。海克力斯幫助擊敗了泰坦巨人，拯救了陷入混亂的世界和被囚禁的衆神。

雖然戰勝泰坦是一項巨大功勞，但距離實現阿波羅在奧林匹斯山上永生的承諾還有許多艱難的歲月。之後，他從一隻飢餓的河怪手中救出特洛伊公主得伊阿尼拉（Deianira），兩人墜入愛河並結婚。然而，悲慘的命運仍不放過他。幸福的日子十分短暫，海克力斯意外殺死了一名侍酒師。雖然是一場意外，並得到了國王的原諒，但海克力斯卻無法原諒自己，於是決定和得伊阿尼拉一起離開這座城市。

二人到達了埃文努斯河。在那裡，他們遇見了半人馬涅索斯，涅索斯提出要把得伊阿尼拉背過河。然而，當到達對岸時，涅索斯試圖強姦得伊阿尼拉，海克力斯用一支箭射中半人馬，這枝箭含有九頭蛇血液的毒。當涅索斯快要死去時，他矇騙得伊阿尼拉說，半人馬的血液具有一種特殊的愛情魔力，如果日後海克力斯變了心，她可以把血灑在丈夫衣服上，他就會永遠愛她。當然，這只是涅索斯的詭計，這血液對凡人來說是致命的。

海克力斯和得伊阿尼拉在特拉奇斯城定居，建立了家庭。未幾又娶了伊俄勒爲妾。得伊阿尼拉擔心海克力斯貪新忘舊，想起涅索斯的話，便將襯衫浸泡在當日偷偷留下的半人馬血中。海克力斯一穿上這件襯衫，立感一陣劇痛，身上開始燃燒，他撕掉襯衫，但毒藥已經沾到皮膚。由於他是半神，並未暴斃，不過毒素侵入身體，已使他越來越虛弱。得伊阿尼拉意識到自己被受騙害了丈夫，於是上吊自殺。

人們在埃特納山頂上爲這位英雄建造了一個巨大的火葬柴堆。海克力斯爬上山頂，靜靜躺下，身上蓋著涅墨亞獅子的皮；然後火把被點燃，柴堆燃起熊熊火焰。正當火焰開始燃燒時，衆神從奧林匹斯山上俯視著海克力斯。那一刻，赫拉終於鬆口了，宙斯派雅典娜將海克力斯從燃燒的柴堆中救出，並用戰車將他帶到奧林匹斯山。這位擊敗巨人的英雄終於在奧林匹斯山上佔據一席之地。

羿爲民除七害

相信不少人童年時代都從故事書裡讀過海克力斯的事跡。這英雄的故事對我印象猶深，以至日後當我讀到中華另一位英雄「羿」的事跡時，立即有一種非常熟悉的「既視感」。許多人僅聽聞「后羿射日」[1]，對於羿的其他事跡未必清楚，其實這位射日英雄的功勛比起希臘英雄不徨多讓。

射日英雄羿

話說堯統治時期，十個太陽同時出現在天空，烤焦了莊稼，曬死了草木，百姓沒有食物可吃。猰貐、鑿齒、九嬰、大風、封豨、修蛇這些怪物都禍害人民。於是堯帝就派遣羿去爲民除害[2]：

在疇華之野誅殺了鑿齒
在凶水之上消滅了九嬰
在青丘之澤射落了巨鳥大風
向上射落九個太陽，向下斬殺猰貐
在洞庭湖畔斬斷修蛇
在桑林生擒了封豨

猰貐、鑿齒、九嬰、大風、封豨、修蛇是怎麼樣的怪物，後文將詳述。過去亦有研究者發現羿的事跡和海克力斯頗有相似之處[3]。但筆者作仔細對比後，再引入美索不達米亞另一著名英雄「吉爾伽美什」的神話作三方參照，三者的「神秘密碼」似乎不能單單以「英雄旅程」便足以說明，箇中奧秘令人浮想聯翩。

先略述一下三位英雄的身世血統。海克力斯的父親乃衆神之王宙斯，母親是凡人，因此海克力斯屬於半神半人。吉爾伽美什是女神寧松（Ninsun）與烏魯克國王盧伽爾班達（Lugalbanda）的兒子，擁有三分之二的神性，三分之一的人類血統。至於羿呢？《山海經》說天帝俊把紅色的弓、繫著絲繩的白色短箭賞賜給了羿，讓他去扶助下界的國家，羿於是到地上去幫助人們應對各種艱難困苦[4]。換言之，羿是從天上降臨人間的，同樣屬於神人。

英雄大戰巨人

希臘神話裡，海克力斯不止一次與巨人戰鬥。他曾參與奧林匹斯諸神與泰坦巨人之戰；而在進行第十一項功業的途中，海克力斯經過利比亞，巨人安泰俄斯也要與他摔跤。海克力斯雖佔上風，可是每當安泰俄斯(Antaeus)被壓制，大地——大地母神蓋亞(Gaia)都會治癒他的傷口，恢復其力量。海克力斯發現了這一點，於是將安泰俄斯舉到空中，使其無法從大地那裏汲取力量，最後把巨人扼死了。[5]

反顧羿的事跡，他曾「誅鑿齒于疇華之野」，那麼「鑿齒」又是什麼？

《山海經．海外南經》：「羿與鑿齒戰於壽華之野，羿射殺之。在昆侖墟東。羿持弓矢，鑿齒持盾，一曰戈。」

《山海經．大荒南經》：「大荒之中，有山名曰融天，海水南入焉。有人曰鑿齒，羿殺之。」

根據這兩則記載，「鑿齒」理應是人，或者起碼是人型的生物，因爲若然是野獸或怪物，《山海經》一般習慣寫爲「有獸焉」，例如記載九尾狐便如此描寫：「青丘之山，有獸焉，其狀如狐而九尾」。可見鑿齒應當是持盾或戈作戰的戰士。至於「鑿齒」的意思，有學者這樣看：「大汶口文化的居民還有拔牙的風俗。無論男女在進入青春期時都要拔除上顎側門齒，因而被稱爲鑿齒民。」[6]

據中國東漢末年士大夫高誘所註，「鑿齒，獸名，齒長三尺，其狀如鑿，下徹頷下，而持戈盾」。東晉學者郭璞亦註：「鑿齒亦人也，齒如鑿，長五六尺，因以名云。」如果依高誘和郭璞的看法，那麼鑿齒之「鑿」便不是動詞（拔牙），而是形容牙齒如同一個鑿。一個單單牙齒已長達三尺或五六尺的「人」，很大機會是「巨人」也。而這巨人，所用的武器是戈盾，他與羿交戰於崑崙虛東面的壽華（或稱為疇華，淮南子本經註位於南方的沼澤），之後為羿用箭射殺。

希臘神話、華夏神話均出現英雄戰巨人情節。讓我們先把目光投向中東。古代美索不達米亞（古希臘對兩河流域的稱謂，這兩條河指的是幼發拉底河和底格里斯河，在兩河之間的美索不達米亞平原上產生和發展的古文明稱為兩河文明或美索不達米亞文明），從蘇美（Sumer）城邦到古巴比倫時代，由楔形文字到口耳相傳一位英雄的故事，此英雄名為吉爾伽美什（Gilgame ），其事跡流傳至今，稱為《吉爾伽美什史詩》，對西方文化影響深遠。吉爾伽美什史詩記載於十二塊泥板上，現存最完整的版本是用阿卡德語書寫的，是在尼尼微亞述巴尼拔古圖書館遺址的楔形文字泥板上發現的。其主要內容為[7]：

吉爾伽美什可能以動物之王的形像出現，
左臂握著獅子，右手握著蛇，
這幅浮雕出自杜爾-沙魯金的亞述宮殿浮雕
（公元前 713-706 年）

一，烏魯克人民不堪國王吉爾伽美什的殘暴統治向天神哭訴，天神創造了可以與吉爾伽美什匹敵的野人恩啟都前往烏魯克和吉爾伽美什決鬥；

二，但是恩啟都被神記色誘並馴服在烏魯黑城內和吉爾伽美什決鬥後兩人成爲自由，

三，爲了建立顯著聲望和名譽，他們決定前往遙遠的雪松林討伐怪獸洪巴巴。

四，經歷艱險的路途，他們終於來到雪松林；

五，並且合力殺死了洪巴巴；

六，女神伊絲塔向吉爾伽美什示愛被拒絕，召喚天牛摧毀烏魯克城，兩人再次合力屠宰天牛；

七，天神發怒奪走恩啟都的生命已示懲罰；

八，吉爾伽美什沉痛痛哀悼摯友，對死亡的恐懼促使他開始尋求永生；

九，他長途跋涉歷盡艱險來到世界之邊；

十，穿越死亡之海找到獲得永生的烏特納批詩提；

十一，烏特納批詩提講述了大洪水的故事，並告訴吉爾伽美什人類無法獲得永生並送其回烏魯克；

十二，最後，吉爾伽美什看到了恩啟都的靈魂，並了解了冥府的世界。

其中故事講到吉爾伽美什和恩啟都要挑戰雪松林裏的怪物洪巴巴（亞述語拼法Humbaba或蘇美語拼法Huwawa），他們前往雪松林的旅程中，三天就在山腰間紮營休息，並舉行祈求吉夢的儀式，吉爾伽美什每次都會從惡夢中驚醒，不過恩啟都會讓吉爾伽美什安心並將其解

釋爲吉夢，五個夢也就是15天後，兩人逐漸接近雪松林。兩人互相打消對方的恐懼並且最終到達雪松林。

來到雪松林，吉爾伽美什和恩啟都一邊爬入雪松林，一邊掏出自己的武器。洪巴巴攔住了他們的去路，咒罵恩啟都這個叛徒，恩啟都催吉爾伽美什趕快下手，於是吉爾伽美什和洪巴巴開始戰鬥，太陽神沙瑪什發起十三種大風掩蓋了洪巴巴的視線，吉爾伽美什借此戰勝了怪獸，洪巴巴跪地求饒放他一條生路，但是恩啟都勸吉爾伽美什不要心軟，在天神發現以前趕快殺死它。知道自己求生無望後洪巴巴開始詛咒他們兩人。而吉爾伽美什和恩啟都則在殺死怪獸後在神聖的樹林裏砍伐雪松木。

洪巴巴

根據史詩，洪巴巴外貌恐怖(如獅子臉、龍嘴)，聲音如洪水，言語如火焰，呼吸如死亡，某些版本還描述他有七種「光環」或「恐懼」，非常厲害，但沒明說他是「巨人」。但奇怪的是，英文資料提及洪巴巴時卻不時將其形容爲「一個巨人」(a giant)。筆者大惑不解，幾經探查後，才找到線索。

原來把洪巴巴列爲巨人是有歷史淵源的。這裡得先介紹一本相傳來自來自諾亞洪水之前的以諾和瑪土撒拉時代，世界上最古老的書籍之一──《巨人之書》(The Book of Giants)，它是中東的重要文獻，亦摩尼教的七部大經之一(基督教視之爲僞經)。自 1947 年以來，在庫姆蘭的死海古卷中發現了各種阿拉姆語的《以諾書》殘片，當中含有以諾的、以前其他鮮為人知的文獻，包括《巨人之書》。這些故事很可能至少部分源自古代近東神話，當中記載了蘇美英雄吉爾伽美什和怪物洪巴巴的故事。

洪巴巴的名字出現在《巨人之書》的庫姆蘭殘片中，稱為Hobabi。文書對胡瓦瓦/洪巴巴的描述集中在他令人敬畏的兇猛和力量，這些都是傲慢巨人應有的品質。《巨人之書》將洪巴巴列入大洪水前的巨人之列，可能是因為怪物與雪松森林有地理上的連結。根據以諾一書13:9，懺悔的守望者聚集在Ubelseyael，一個位於「黎巴嫩和西尼珥之間」的地方。「Senir」指的是赫爾蒙山，而《吉爾伽美什史詩》的古巴比倫殘篇將洪巴巴保護的雪松森林稱為「赫爾蒙山和黎巴嫩」(sa-ri-a ù la-ab-na-am)，這是一個驚人的身份巧合。《巨人之書》的作者可能知道這種相似的背景，促使他將洪巴巴納入巨人陣容中。[8]

原來，海克力斯、羿、吉爾伽美什皆曾挑戰並殺敗巨人。這是一個非常驚異的線索。

力戰獅子

海克力斯的第一個任務是對付尼米亞獅子，把牠的皮帶給歐律斯透斯。這種獅子曾在克勒俄涅和尼米亞之間的領土上肆虐，其皮毛刀槍不入，無法用任何凡人武器攻擊。海克力斯前往尼米亞森林，發現獅子的巢穴，試圖用箭射殺獅子，但毫無效果。他改以棍棒將獅子打倒在地，趁著牠來不及恢復過來，立即抓住其脖子，用盡全力，成功地將牠勒死了。他用獅子皮為自己做了一件鎖子甲，又用獸頭做了一頂新頭盔。

海克力斯對付尼米亞獅子

至於吉爾伽美什，他為救朋友，在向世界的盡頭前行時，途中看見一群獅子，起初十分害怕。在祈禱後，他手執斧頭，從腰帶中抽出短劍，如利箭般穿入獅群。他重擊群獅，殺死一些獅子並驅散獅群。

吉爾伽美什對抗獅子的印章印記，出土於烏爾皇家墓園（U.13607），年代約為西元前2600年。

羿倒沒有殺過獅子(因爲古時華夏沒有獅子?),但他曾斬殺「猰貐」。猰貐是什麼怪物呢?《山海經·海南內經》說:「窫窳龍首,居弱水中,在狌狌之西,其狀如貙,龍首,食人。」這是一種頭像龍,身如貙的怪物。貙,又稱貙虎,《爾雅·釋獸》:「貙,似貍。」晉·郭璞·注:「今貙虎也。大如狗,文如貍。」即是說那是一種像龍的頭、身形如狗、皮毛之紋似貍的動物,讀者不妨想像一下似什麼。

厄律曼托斯野豬與封豨

我們看看海克力斯的第四項任務:活捉厄律曼托斯那頭四處搞破壞的野豬,送到邁錫尼。

途中,他造訪了半人馬福洛斯尋求休憩。福洛斯熱情設宴,卻未備酒——因酒窖乃全體半人馬共有,需共飲方能開啟。經海克力斯再三懇請,福洛斯破例開了一桶陳年佳釀。

可是酒香引禍!濃郁的香氣瞬間彌漫山野,引來大批憤怒的半人馬,手持巨石巨木洶洶而至。海克力斯揮舞火把驅散衆敵,並一路追擊至馬勒亞。半人馬們逃入賢者喀戎的洞窟避難。混戰中,一支海克力斯蘸有九頭蛇劇毒的利箭,不幸誤中老友喀戎的膝蓋!

認出誤傷恩師,海克力斯痛徹心扉。他立刻拔箭,敷上喀戎曾親授的靈藥,然而九頭蛇之毒無藥可解。喀戎承受著不朽之軀帶來的無盡痛苦,最終在海克力斯懇求下,衆神憐憫,允其解脫,安然離世。

禍不單行,好客的福洛斯在查看一支遺落毒箭時,失手墜箭刺中腳背,毒發身亡。海克力斯哀慟不已,鄭重安葬友人。

海克力斯以震天吼聲將野豬逐出密林,一路將其驅趕至積雪深厚的山頂。野豬力竭倒地，海克力斯輕鬆生擒，以繩索捆縛，活捉至邁錫尼復命。任務雖成，代價卻非常沉重。

據《淮南子·本經訓》所載，羿的衆多英雄事跡之一，是「擒封豨於桑林」。封豨是什麼怪物？高誘注：「封豨，大豕；楚人謂豕爲豨也。」南梁《玉篇·豕部》亦說：「豨，豕也。」換言之，封豨是大豬。屈原《天問》：「馮珧利決，封豨是射。」「珧」是天帝賜予羿的神弓之名，「馮珧利決」意謂羿依仗神弓的鋒利去射獵封豨。

封豨

海克力斯要去厄律曼托斯山（Mount Erymanthos）活捉野豬，羿也要去桑林擒捕大豬，可謂「英雄所幹略同」了。執筆至此，我很好奇厄律曼托斯會否也有桑樹？原來有的。厄律曼托斯山位於希臘南面的伯羅奔尼撒半島（Peloponnese）西北部群山，而伯羅奔尼撒半島巧合地是有桑樹（Morus alba）生長。[9]然而，Morus alba這種桑樹是希臘的外來植物，普遍相信桑樹原產於中國中部和北部，也可能是鄰近的亞洲溫帶地區，至少從公元前 2700 年起在中國西北部開始栽培，從 15 世紀初開始在地中海歐洲開始栽培 - 可能在巴爾幹地區更早，在中亞和近東地區可能更早。[10]更有趣的資料顯示，現時希臘北部的白桑樹正在消失，原來古老的馬其頓土地上曾經有過絲綢產業，人們種植桑樹來餵養蠶，但如今，該產業只剩下殘餘的部分，被砍伐但仍然活著的樹木見證了它們曾經的重要性。[11]

獵鹿英雄

海克力斯的第三項超級任務，是要把女神阿提密斯最心愛的聖物——一隻名爲「凱里尼提亞」、擁有閃亮金角和堅硬黃銅蹄子、跑起來像陣風的神奇雌鹿——活捉回邁錫尼。這可不是普通的狩獵，海克力斯深知這隻鹿的神聖性，連根鹿毛都不敢隨便傷到，更別提牠那對耀眼的金角了。

於是，一場史詩級的「耐心追逐賽」開跑！海克力斯足足追了一整年，最後終於在拉冬河邊讓追上了這頭神鹿。爲了讓牠停下來又不至於重傷，不得已用箭精準地射中了牠的腿。扛著這隻金光閃閃的鹿穿越阿卡迪亞時，他冷不防撞上了阿提密斯和阿波羅。女神一看自家寵物受傷，火冒三丈，幸好海克力斯總算憑口才平息女神的熊熊怒火。阿提密斯聽完他的苦勞報告，才勉強點頭，允許他繼續扛著她的聖鹿，一路走到邁錫尼交差。

而在蘇美時代英雄吉爾伽美什的傳說故事中，吉爾伽美什就曾獵殺多種動物，計有熊、袋狼、黑豹、獵豹、鹿、北山羊等。不過，史詩裡就未有詳述此鹿有沒有什麼與別不同的神異之處了。

大戰巨型怪鳥

海克力斯的第六項任務，是要驅逐盤踞在阿卡迪亞（Arcadia）斯廷法洛斯湖畔沼澤裡的斯廷法洛斯鳥。這些凶猛的巨禽翅膀能射出箭矢般鋒利的羽毛，不僅襲擊人類，還殘害牲畜，使整片地區陷入恐慌。

當他來到湖邊，發現成群猛禽棲息於此，正思索如何應對時，忽然感到一只手搭上肩膀。轉身一看，智慧女神雅典娜正威嚴地立於身後，手中捧著一對由赫菲斯托斯打造的巨型銅鈸。海克力斯接過神器，登上附近的山丘，奮力敲擊銅鈸。刺耳的金屬轟鳴響徹雲霄，驚得鳥群倉皇飛竄。他趁機張弓搭箭，射落無數猛禽，而僥幸逃脫的則遠遠飛離，再也不敢返回。

羅馬時期的馬賽克：海克力斯射死斯廷法洛斯怪鳥

無獨有偶，據《淮南子·本經訓》所載，羿的另一英雄事跡是「繳大風於青丘之澤」(在青丘之澤射落了巨鳥大風)。爲什麼說大風是隻大鳥?漢代文字學家許慎認爲:「大風大鷙鳥也」、《禽經》亦云:「風翔則風:風，禽鳶類」[12]，足見古人的認知裡，大風乃大的禽鳥。

海克力斯與羿兩位英雄同樣對付過不同尋常的怪鳥。另一巧合是，斯廷法洛斯鳥棲息在斯廷法洛斯的一片沼澤中，而「大風」亦棲息於青丘之澤。眞是巧合何其多。

決戰神牛

海克力斯的第七項功績是捕獲克里特公牛。這頭公牛原是海神波塞冬賜予克里特國王米諾斯的聖物，能在水上行走。當初波塞冬讓公牛從海中現身，本是要考驗米諾斯的誠意，因國王曾發誓要將最先出現的動物獻祭給海神。然而米諾斯被公牛的雄偉所迷，竟私自將牠留下，改以

海克力斯制伏怪牛

其他公牛獻祭。波塞冬爲懲罰米諾斯的貪婪，使公牛發狂並在克里特島大肆破壞。

後來米諾斯的妻子愛上這頭公牛並因此懷孕（生下牛頭怪），國王遂對公牛心生厭棄。當海克力斯前來捕捉時，米諾斯欣然應允。海克力斯不僅成功制伏公牛，更騎著牠渡海抵達伯羅奔尼撒，將牠帶給歐律斯透斯。這頭公牛後來掙脫束縛，流浪到馬拉松，被稱爲「馬拉松公牛」，再度發狂造成嚴重破壞，最終被忒修斯在馬拉松平原殺死。

在《吉爾伽美什史詩》第六塊泥板裡，記載了一個「天之公牛」的故事：話說女神伊絲塔看見吉爾伽美什容貌俊美，向這美男子求婚，但是吉爾伽美什鄙夷地回應，他直言伊絲塔女神性格上有許多缺陷：不可依賴、背信棄義、極具破壞力，認爲伊絲塔濫情且對外人無情。伊絲塔被他的話激怒，跑回天庭請求他的父親天神安努賜給他天牛，以報復對她出言不遜的吉爾伽美什。

古代美索不達米亞的陶土浮雕
（約公元前 2250-1900 年）
描繪了吉爾伽美什屠殺天牛的場景

這段史詩，蘇美神話和古巴比倫版本的情節有所不同。在蘇美詩篇，這段情節很不相同。伊南娜（即伊絲塔）的父親安（安努）遇到他問他爲何哭泣，伊南娜訴說吉爾伽美什對他的輕蔑和侮辱。並向父親借天牛以殺死吉爾伽美什。安擔心只在太陽升起之處吃草的天牛在人間沒有食物來源，起初不肯答應，伊南娜則威脅要讓神界和人間發生衝突，無奈之下安只好答應她的請求。

阿卡德語的故事是這樣的：安努恐怕暴怒的天牛將會給烏魯克城帶來災難性的破壞，便提出給烏魯克城七年時間準備來應付對天牛將帶來的災難，也希望這段時間能讓伊絲塔平息憤怒。可惜伊絲塔並未接受安努的提議。

無論哪個版本也好，總之在伊絲塔的威脅下，安努把天牛交給了伊絲塔。天牛果然給烏魯克帶來巨大的災難，但是吉爾伽美什和恩啟都發現了天牛的弱點——吉爾伽美什抓住公牛尾巴後，用腳抵住公牛跗關節的後部，踩在牠後背，用刀插入犄角和屠殺點之間，成功宰殺天牛。兩人屠殺天牛並掏出了牛的心臟，將其呈給太陽神沙瑪什面前。他們回到烏魯克城慶功，但是殺死神獸的舉動也因此激怒了安努。

本節述及的希臘神話和蘇美神話還有一些有趣的相似點：克里特公牛是波塞冬所賜，本爲神牛；天之公牛屬主神安努擁有，亦是神牛。克里特公牛分別由海克力斯制伏及忒修斯殺死；天牛則由吉爾伽美什和恩啟都合力宰殺。希臘神話裡，忒修斯日後試圖劫持冥王黑帝斯的妻子普賽芬尼，因此被扣留在冥界，後來被海克力斯從冥界救出；而恩啟都則因殺死天牛而被死亡使者拖入冥府，吉爾伽美什曾教恩啟都如果想從地府回來，就絕不能引起亡靈的注意，但是恩啟都並沒有在意吉爾伽美什的警告，做了不該做的事，結果他被帶到了冥府女王面前，無法回到人間。吉爾伽美什爲著失去摯友，悲痛不已，他向天神恩利爾和辛尋求協助，但都被拒絕，無奈之下他不得不去找天神安，安同情吉爾伽美什的遭遇，命令太陽神沙瑪什讓恩啟都的靈魂通過一個地裂從地府出來（《吉爾伽美什史詩》第十二塊泥板）。

恐怖的九頭蛇登場

可能有人認爲，英雄狩獵，斬殺一下獅子、豬、鹿、大鳥、公牛……沒啥稀奇，只算是「如有雷同，實屬巧合」。那麼，東西方的古代英雄皆曾決戰「九頭蛇」這種奇幻怪物，這種「巧合」背後又有什麼玄機？

西方的九頭龍/蛇（Hydra）源出希臘神話。話說大地母神蓋婭從自身孳生出優拉諾斯（Uranus，天空之神），然後又生下堤豐（Typhon）與愛奇德娜（Echidna）。堤豐擁有100個頭，愛奇德娜則半人半蛇，九頭蛇乃是堤豐與愛奇德娜交配所誕下的，因此同時具備「多頭」與「蛇」的特質。

希臘神話的九頭蛇，最中間的蛇頭近乎刀槍不入，餘下衆頭即使給砍下，亦可再生；其呼吸有毒，可致人於死。英雄海克力斯受命於國王要完成12項任務，誅殺九頭蛇是第二件。此怪長年盤據於南希臘的沼澤區勒爾那（Lerna），每爬上岸損害牲畜莊稼，由於牠非常兇悍，常人奈何不得。海克力斯與侄兒伊奧勞斯一同前往斬妖除害，海克力斯掄起木棒使勁攻擊九頭蛇，可是剛打碎一個頭，馬上又長出一個。後來伊奧勞斯上前增援，以火攻新生蛇頭，阻止其長大，海克力斯趁機斬下中間那顆頭，將其埋在路邊，在上面放上一塊沉重大石，才得以爲民除害。

在這裡提出兩個疑問：第一，Hydra究竟長著多少個頭？第二，牠究竟是九頭蛇抑或九頭龍？

如果考究全球不同神話的多頭蛇／龍異獸，幾乎可以肯定，這家族的成員，九頭有之、七頭有之、六頭有之、三頭有之，不一定是九頭蛇／龍！至於希臘神話裡住在勒爾那那一隻「名獸」，有多少個腦袋卻是衆說紛紜。

據稱現存最古老的Hydra文字記載，來自赫西俄德的神譜；文物方面，而在一對公元前700年的青銅扣針上，亦可見到牠的圖像。雖然銅器上的Hydra只得六頭，到了約公元前600年，詩人Alcaeus形容此怪物爲九頭，這大抵是「九頭蛇」之名盛行於世的起源。

公元前346年的陶瓷瓶上繪有Hydra，蛇頭剛好是九顆。

回看華夏傳說，羿的事跡之一是「殺九嬰於凶水之上」。什麼是「九嬰」？高誘註《淮南子》說：「九嬰，水火之怪，爲人害，北狄之地有凶水。」神話學者袁珂認爲九嬰是九頭蛇之類的怪獸[13]。

相傳，在北方有一條大河，水深千丈，波浪洶湧，人稱凶水。凶水中有一只九頭怪物，名叫九嬰，既能噴水，又能噴火。十日並出時，凶水也沸騰了，九嬰嫌水中太熱，就跳上岸來，見人就吃，吃的時候，必須有九樣食品同時供它吃，因此成爲后羿第三個斬殺目標。(《中國古代神話傳說》)

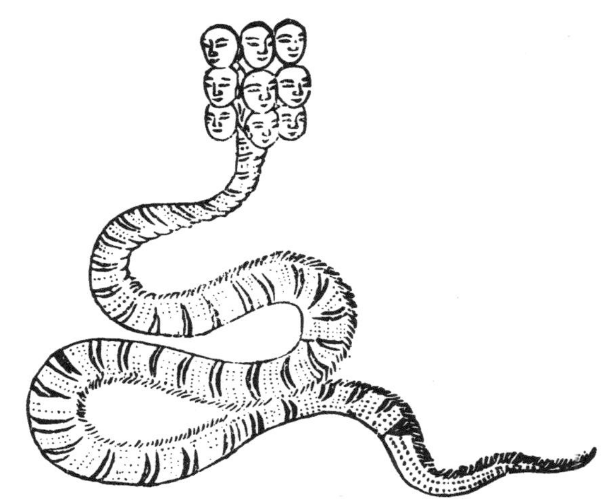

《山海經》記載的相柳，造形近九嬰。(相柳繪像，明代山海經圖)

世界各地不乏多頭蛇／龍之傳說，恰巧希臘與中華皆有斬殺九龍蛇的英雄，似乎並非偶然。

資料室

七頭蛇與三頭蛇

古代近東民族，蘇美、巴比倫及亞述流傳一相類的神話：話說在母神與叛神恩奇的一場神族大戰中，母神陣營的「欽古」率領11頭新生怪物攻伐恩奇，當中便有一隻怪物是七頭蛇。一些神話學者相信，這七頭蛇神話流傳於外，慢慢演變成希臘的九頭蛇Hydra。

與勒爾那九頭蛇同樣「年代久遠」的，是3000多年前的瑣羅亞斯德教（祆教），經典《波斯古經》所記載的三頭蛇「阿吉塔哈卡」（Azi Dahaka），由於「阿吉」意指龍或蛇，所以又稱爲「塔哈卡龍」。這頭阿吉塔哈卡乃邪神安格拉曼紐（Angra Mainyu）之子，擁有三頭（代表痛、苦、死）、三口、三爪、六眼，翅膀能遮天蔽地，體內充滿蛇蠍毒蟲，還可施放魔法，爲害人間。

傳說牠與諸神激戰後，爲英雄帝濤納（Thraetaona）擊敗，囚禁在德馬峰（Demavend）的深處。末日時，阿吉塔哈卡將衝破禁制，世上將近三分之一的生靈塗炭，直至英雄柯剌薩（Kere saspa）挺身誅殺此劫方解。

哥斯拉電影系列中，王者基多拉（キングギドラ）正正是一隻三頭龍，大抵是參考九頭龍或阿吉塔哈卡神話而創作出來。

另一只大名鼎鼎的多頭怪物自然要數到《聖經》提及的「大紅龍」。據《啟示錄12》記載：「天上又現出異象來：有一條大紅龍，七頭十角；七頭上戴著七個冠冕。他的尾巴拖拉著天上星辰的三分之一……在天上就有了爭戰。米迦勒同他的使者與龍爭戰，龍也同他的使者去爭戰，並沒有得勝，天上再沒有他們的地方。 大龍就是那古蛇，名叫魔鬼，又叫撒但，是迷惑普天下的。」原來七頭蛇竟是魔鬼的化身。

龍王那伽與吳哥九頭蛇

印度教、佛教、耆那教、婆羅門教的神物那伽Nāga，身如巨蛇，頭的數目卻不一而足。如《佛母大孔雀明王經》云：「龍王或行地上，常居空中，恆依妙高山或水中。或有一首、二頭，乃至多頭之龍王，或有無足、二足、四足，乃至多足之龍王。」較常見之造形是七頭巨蛇，而且各蛇頭均呈眼鏡蛇王的模樣。譬如吳哥窟常見的七頭巨蛇雕像，鎮守於吳哥窟入口處。

相傳吳哥王朝（公元802年~1431年）國王是九頭蛇的後裔，古蹟「空中宮殿」金塔，是吳哥國王與九頭蛇精翻雲覆雨的寢宮。這一則傳說，竟然在中華的文獻找到記錄。清陳元龍《格致鏡原》卷九九引《鳥獸考》記載：「眞臘王宮之中有金塔，王夜則臥其上。土人皆謂塔之中有九頭蛇精，乃一國之土地主也。」（原出於元代周達觀《眞臘風土記》）證明此傳說之流傳久遠。

柬埔寨金邊皇宮的七頭龍王那伽雕像。

日本九頭龍與八岐大蛇

日本各地都有「九頭龍」的傳說與信仰，譬如福井縣九頭龍川、千葉縣鬼淚山、

長野縣北部戶隱神社，皆供奉九頭龍。其中位於神奈川縣箱根的九頭龍神社更流傳一則人龍鬥法的故事：傳說早在奈良時代以前，箱根的蘆之湖裡住著一條九頭龍，村民每年得獻上一年輕女性當祭品。一名高僧知悉此事，出面與九頭龍交涉。

一開始九頭龍無視僧侶，僧侶唯有以佛力將其定住，不住誦經說法，終令九頭龍屈服，答應以三斗三升三合三杓的紅豆飯代替活人獻祭。後來僧侶把九頭龍供奉於神社之中，成為守護神。

箱根神社的九頭龍。（圖：PIXTA）

東瀛九頭龍信仰源頭何來？可能是外來傳入的，也可能源自日本古神話的八岐大蛇（《日本書紀》寫作「八岐大蛇」；《古事記》寫作「八俣遠呂智」）。話說八岐大蛇是日本上古神獸，身具八頭八尾，

眼睛如漿果般鮮紅，八頭分別代表「魂、鬼、惡、妖、魔、屠、靈、死」八種幻靈，牠曾經歷長達五百年的上古神獸之戰，後來被九尾狐擊敗，被迫蟄伏出雲國，每年吞噬一少女來補充元氣。

神祇須佐之男命（祂是日本天皇始祖「天照大神」之弟）下凡到出雲國境，偶遇一對老翁老婦，正在悲泣痛哭。須佐之男命問何故，原來老夫婦共有八個女兒，當中七位已慘遭八岐大蛇吃掉，眼看最後一個也難逃厄運，豈能不悲戚？

須佐之男命望著這家人唯一的女兒——奇稻田姬，深深爲其美貌所著迷，便答應誅滅八岐大蛇，並迎娶奇稻田姬。他命老翁釀造香濃烈酒，又築起圍牆，牆上鑿穿八洞，洞前各自放置裝滿烈酒的酒桶。不久，愛喝酒的八岐大蛇果然爲酒香所誘，八個頭分別穿過洞口鑽入桶裡飲酒，不一會便酒醉倒地，昏昏睡去。須佐之男命趁機以佩劍「十拳劍」將大蛇的八個頭逐一割去，然後又依次斬掉八條尾巴。豈知斬至最後一尾時，十拳劍竟然崩裂，將尾巴剖開方發現一柄寶劍，那就是日本著名「三神器」之一的天叢雲劍（草薙劍）。

中華九頭蛇相柳

日本的彼岸——中華亦有九頭蛇之說。《山海經·海外北經》記載一隻長著人面的九頭蛇怪，名爲「相柳」（相柳者，九首人面，蛇身面青）。牠是水神共工的臣子，身體極其龐大，所經之處皆成汪洋沼澤。後來大禹治水，便把相柳殺掉了。詩人屈原在《天問》詠嘆：「雄虺九首，儵忽焉在？」，意思是這種九頭的虺蛇，來去迅捷，牠究竟生在何處？

相信不止屈原，讀者也對九頭蛇／龍的來龍去脈充滿疑問罷？

十二件功績以外，三位英雄之間尚有一些重要事跡可堪玩味。

與河神奪妻

先秦楚國盛行巫覡信仰，《楚辭》也吸收大量神話故事，涉及神話時代難以稽考的傳說。屈原在長詩《天問》提出一個問題：

「胡射夫河伯，而妻彼雒嬪？」

意思是：爲何箭射那個河伯，奪取他的妻子洛嬪？

大詩人問得好。羿是射日的英雄，何以會箭射河神，搶奪其妻？東漢文學家王逸爲這則懸案添加了後續情節：

「河伯化爲白龍，遊于水旁，羿見，射之，眇其左目。河伯上訴天帝，曰：『爲我殺羿。』天帝曰：『爾何故得見射？』河伯曰：『我時化爲白龍出遊。』天帝曰：『使汝深守神靈，羿何從得犯汝？今爲蟲獸，當爲人所射，固其宜也，羿何罪歟？』」[14]

《天問》中的河伯被后羿所傷，更被搶佔妻子，表面是被欺負的「受害者」。他向天帝投訴，卻反受奚落。由河伯的作爲及羿下降人間的使命來看，河伯被射傷左目可能是「咎由自取」。爲什麼呢？

原來戰國之時，民間巫師有爲河伯娶婦的風俗。據《水經注．濁漳水》記載：

「漳水又向北流經祭陌西邊。戰國時期，當地有巫祝爲河伯娶妻的習俗，祭祀儀式就在這條陌上進行。魏文侯時，西門豹任鄴縣令，他召集鄉官三老說：『爲河伯娶妻時，希望來告訴我，我也要送新娘。衆人都答應說：好。』到了河伯娶親的日子，三老和縣吏向百姓橫征暴斂，收取錢財百萬。巫祝巡行鄉裡，看到貌美的女子，就說應當做河伯的妻子，用三萬錢作爲聘禮，讓女子沐浴更衣、塗脂抹粉，如同出嫁的裝扮。西門豹前往參加儀式。三老、縣吏與百姓都聚集前來觀看。老巫婆已七十歲，帶著十個女弟子。西門豹叫新娘過來看，認爲不夠漂亮，命令巫婆去報告河伯，隨即將巫婆投入河中。過了一會兒，說：『怎麼這麼久？』又命令三個弟子和三老進去稟告，把他們全都投入河裡。西門豹恭敬地彎腰行禮說：『三老不回來怎麼辦？』又要派縣吏和鄉紳去催促，這些人都嚇得叩頭至流血，請求停止爲河伯娶妻的陋習。雖然這種淫祀被廢止了，但此地仍保留了『祭陌』的名稱。」[15]

《水經注》直言「河伯娶妻」風俗是「淫祀」。結合民俗資料，我們才弄清神話中爲何羿打傷河神奪妻，卻反爲天帝責備。河伯是神祇，具變形能力，還時常化白龍游於水旁，卻滋擾百姓，他被羿所射亦非完全沒有理由，　因此才被天帝嘲弄：「　今爲蟲獸，當爲人所射，固其宜也。　」[16]

我們又來看看海克力斯的經歷。好巧不巧，這位希臘神話英雄竟也曾與河神比鬥，爭奪妻子。這搶妻故事的主角，名叫德伊阿妮拉(Deianira)，她是埃托利亞國王俄紐斯的女兒。

海克力斯在卡呂冬遇見了美麗的德伊阿妮拉，希望娶她爲妻。然而，他遇到了強大的競爭對手——河神阿克洛俄斯(Achelous)。阿克洛俄斯是希臘中部埃托利亞地區的河神，擁有變形的能力。兩人約定以決鬥決定德伊阿妮拉的歸屬。

阿克洛俄斯先後化身成蛇和公牛[17]，試圖擊敗海克力斯。然而，海克力斯力大無窮，甚至在河神變作公牛時折斷了他的一隻角，迫使他認輸。最終，海克力斯贏得了德伊阿妮拉。

婚後，海克力斯與德伊阿妮拉在渡河時遇到半人馬涅索斯。涅索斯提議馱德伊阿妮拉過河，卻在途中試圖侵犯她。

海克力斯決戰河神阿克洛俄斯

《淮南子》記載羿於洞庭斬殺修蛇，會不會其實等同於《天問》裡射河伯奪妻的故事？

海克力斯發現後，一箭射穿了涅索斯的胸口。臨死前，涅索斯欺騙德伊阿妮拉，聲稱自己的血與九頭蛇的血混合後，塗抹在衣服上能讓海克力斯永遠忠誠。

當時，德伊阿妮拉正因嫉妒海克力斯可能愛上羅樂（Iole）而心神不寧，便照著涅索斯所言去做。然而，這件衣服已沾上劇毒，海克力斯穿上後，衣服緊貼皮膚，使他痛苦不堪。德伊阿妮拉得知自己釀成大禍，絕望自縊。海克力斯無法忍受痛苦與喪妻之痛，最終選擇自焚於柴堆之上，結束了自己的生命（最後奧林匹斯山衆神感念其功績，結局大反轉）。

對比羿與海克力斯的經歷，兩人同樣是「戰河神，奪妻子」，分別是羿用箭來射傷河伯；而海克力斯與河神決鬥猶如「比武招親」，反而他因半人馬搶走妻子才需要動用弓箭射殺河怪。至於羿的故事十分簡單，僅得《天問》短短一句「胡射夫河伯，而妻彼雒嬪」，予人的感覺，倒似把希臘神話的兩段情節以一句詩歌濃縮起來一般。

不死藥與永春草

「嫦娥應悔偷靈藥，碧海青天夜夜心。」李商隱的《嫦娥》深入民心，華人大抵多半聽過以下故事：

話說嫦娥的老公羿射下天上的九個太陽後，得到了不死之藥，豈料嫦娥卻取而服之，結果升天奔月，更化爲蟾蜍。你或許不知道，這故事的「古籍版」與民間版略有差異。大抵百姓搞不清嫦娥好端端的爲啥要搶著服藥，於是增添以下情節：羿得藥後，捨不得撇下妻子，於是把不死藥交予嫦娥收藏，不料給徒弟逢蒙看到了，趁羿不在家之際，打算用劍逼嫦娥交出靈藥。嫦娥明知自己不敵，唯有當機立斷服下不死藥。

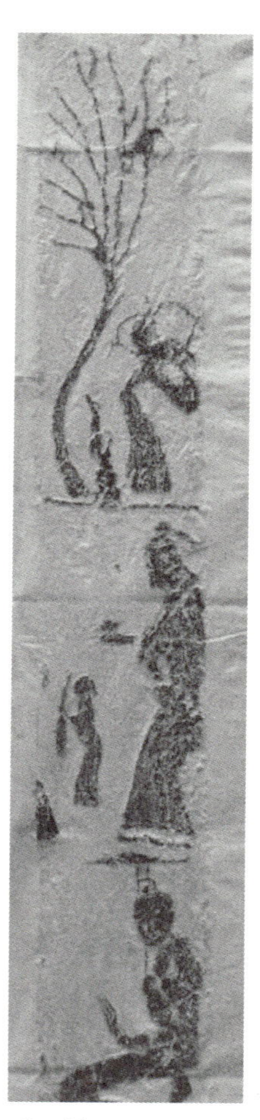

后羿射日，西王母賜藥。漢代畫像磚。

但據古籍所載，並無嫦娥受脅的情節。最初關於嫦娥奔月的記載其實相當簡略，僅知道嫦娥憑不死之藥奔月。[18]。那麼，這不死藥是從哪裡來呢？原來是從丈夫羿處偷來的，而羿的藥則是從西王母處請求得來的。[19]雖然羿求得不死藥，卻無緣服用，被妻子嫦娥偷去吃了，永生之夢一場空。

我們對比一下吉爾伽美什的經歷。在雪松林之戰中，諸神擊敗了惡魔怪物洪巴巴(此處指超自然力量，而非邪惡)，隨後又擊敗了天之牛(途中還侮辱了女神伊南娜·伊絲塔)。諸神判處恩奇都死刑，並聲稱必須有人爲此付出血的代價。恩奇都死了，那一刻，吉爾伽美什意識到自己也將死去，這一事實令他痛苦不已。他大喊：

「我怎能安息，怎能平靜？我心中充滿絕望。我哥哥現在的樣子，就是我死後的樣子。因爲我害怕死亡，所以我會盡我所能去尋找被人們稱爲「遠方」的烏特納皮什提姆，因爲他已經進入了衆神的集會。」(第九塊泥板)

吉爾伽美什穿越夜之國和死亡之水，找到了古人烏特納皮什提姆，他是唯一在大洪水中倖存下來的人類，還獲得了永生。烏特納皮許提姆向吉爾伽美什講述了他如何得到神艾亞(Ea)的警告，得知大洪水即將來臨，於是遵照神艾亞的指示建造了一艘方舟，並將各種動物安置在其中，從而拯救了自己和家人，也拯救了人類免於滅絕。

他隨後說，如果吉爾伽美什能在接下來的六天內保持清醒，就能獲得永生。吉爾伽美什未能做到這一點。於是烏特納皮什提姆命令他洗淨身體，重新穿上王袍，返回他所屬的烏魯克。然而，就在吉爾伽美什即將離開時，烏特納皮什提姆的妻子說服他告訴吉爾伽美什一種可以返老還童的神奇植物。吉爾伽美什找到了這種永春草，帶在身邊，打算與烏魯克的長老分享。然而，有一天晚上，當他們露營時，一條蛇偷走了這株植物。蛇爬走後，蛻皮重獲新生。吉爾伽美什未能獲得永生，於是被渡船夫烏爾沙納比帶回烏魯克。回到家後，他記錄了他的偉大冒險經歷。

同場加映：波斯英雄過七關

執筆之時，筆者讀到一些波斯神話的資料[20]，偶然發現原來波斯神話裡有一位英雄名叫埃斯凡迪亞爾(Asfandiyar)，他與海克力斯、吉爾伽美什一樣具有王族的身份。他是波斯王古什塔斯帕(Gushtasp)之子，但由於父王老是防著兒子總有一天會篡位為王，二人關係實在難稱得上好。不過，由於其他兒子全部戰死沙場，古什塔斯帕不得已向埃斯凡迪亞爾承諾道，他如能順利救出落入土蘭人手中的兩個姊妹，便保證把王位傳給他。

埃斯凡迪亞爾被說服，動身前往土蘭救人，但途中危機四伏。埃斯凡迪亞爾無畏險阻，挑了一條路程最短卻最險的路來走。這條路須走七天，每天也遇到不同難關：第一天是巨型野狼、第二天是一雌一雄兩獅子、第三天是巨龍、第四天是女妖、第五天是巨大神鳥；這些怪物都給埃斯凡迪亞爾一一斬殺。第六、第七關，他分別要渡過風雪肆虐之地及湍急的大河，均順利克服，救出兩位公主。

然而古什塔斯帕還是不想兌現承諾，借口說備受世人崇敬的英雄魯斯塔姆心高氣傲、不尊王命，命令埃斯凡迪亞爾前往討伐他。埃斯凡迪亞爾無奈前赴迎戰魯斯塔姆。由於埃斯凡迪亞爾曾服用一顆神奇的石榴，從此獲得神力，刀槍不入，決鬥時一度取得上風，還重創魯斯塔姆。可是魯斯塔姆擁有一根羽毛。能召喚出神鳥斯姆爾格（Simurgh），後者替魯斯塔姆療傷，還留給他一支浸泡過藥酒的箭，足以破開敵人刀槍不入之身。最後兩人激戰時，埃斯凡迪亞爾以箭射中魯斯塔姆的頭盔，而魯斯塔姆則憑毒箭射中埃斯凡迪亞爾的眉心。這位王子不幸一命嗚呼。

英雄之死

幾位英雄的死亡情節也可堪一比（除了死因不明的吉爾伽美什）。正如前述，海克力斯半人半神，神力無窮，不易受致命攻擊；最後卻爲妻子得伊阿尼拉所害，穿上有毒襯衫而死。埃斯凡迪亞爾刀槍不入，卻被敵人以毒箭射死。

至於羿，古書裡有兩種講法，一個版本來自屈原，另一版本來自孟子，二人都是響噹噹的人物，不用多作介紹了。

屈原在《天問》提出如此疑問：「寒浞要娶純狐氏女，羿妻合伙把羿謀殺。爲何羿能射穿皮革，其妻與浞能消滅他？」[21]

至於孟子則如是說：逢蒙跟羿學射箭，學得了羿的技巧後，他便想，天下只有羿的箭術比自己強了，於是便殺死羿。[22] 孟子還在後面補充一句：「這事也有羿自己的罪過。」

雖然兩個「死亡版本」表面上互相矛盾，後世的傳說卻把兩種說法混在一起，變成羿的妻子夥同逢蒙，害死了羿。兇手有了，但死因呢？屈原和孟子皆未明言。有趣的是，屈原的疑問是羿箭術過人卻竟被殺，孟子則說明羿是因「箭術」而遭謀殺，這是否暗示羿是遭「射死」的呢？

對比羿、海克力斯、吉爾伽美什和埃斯凡迪亞爾的事跡，當不難發現他們的豐功偉業之間重疊甚多。看到這裡，可能已有人感到頭昏腦脹，我們不妨從下表細味他們的隱秘線索：

事跡＼英雄	海克力斯	羿	吉爾伽美什	埃斯凡迪亞爾
血統	神王之子	天帝命下凡	王子、國王	王子
殺巨人	✓ （泰坦巨人）	✓ （鑿齒）	✓ （洪巴巴）	
殺獅子	✓		✓	✓
斬九頭蛇	✓ （勒爾那九頭蛇）	✓ （九嬰）		
捉／殺鹿	✓		✓	
擒野豬	✓ （厄律曼托斯野豬）	✓ （封豨）	✓	
殺怪鳥	✓ （斯廷法洛斯怪鳥）	✓ （大風）		✓ （第五關神鳥）
戰神牛	✓ （克里特公牛）		✓ （天之公牛）	
戰大蛇／龍	✓ （阿克洛俄斯化身大蛇）	✓ （修蛇）		✓ （第三關巨龍）
戰河神奪妻	✓	✓		
從冥界救人	✓ （救出忒修斯。忒修斯曾殺牛怪）		✓ （救出恩啟都。恩啟都曾殺神牛）	
得不死藥卻沒服用		✓ （不死藥）	✓ （永春草）	
死亡	✓ 被妻子用毒衣害死	✓ -被妻子謀害而死 -被徒弟殺死		✓ 被毒箭殺死

從附表可見，四位英雄由血統到眾多事跡，雖非百分之百重疊，但幾乎每一項均有兩至三個千里迢迢外、別處的民族英雄可以對應。箇中難道眞是巧合？

註1：歷來許多學者考證，民間關於羿的傳說其實混合了兩個不同人物：一個是射下九個太陽的羿，另一個是篡奪夏朝的有窮氏后羿。相傳夏朝曾有衰弱之時，被有窮氏部落首領后羿篡奪朝位。因此我們平常說「后羿射日」未必正確，或許該說「大羿射日」才合乎原版神話。不過，亦有學者認爲羿和后羿本是却一個人。羿本是天神，被降脅凡間，成爲天命而帝的王—后羿。所以羿是經歷了從神到人的過程。無論如何，畢竟「后羿射日」俗稱流傳多年，連屈原也把羿與后羿混爲一談，要一一辨正確實麻煩，故此稱呼上從俗也無可厚非。本書爲求清晰，盡量用「羿」來稱呼那位射日英雄。

註2：《淮南子·本經訓》：逮至堯之時，十日並出，焦禾稼，殺草木，而民無所食。猰貐、鑿齒、九嬰、大風、封豨、修蛇皆爲民害。堯乃使羿誅鑿齒于疇華之野，殺九嬰于凶水之上，繳大風於青丘之澤，上射十日而下殺猰貐，斷修蛇於洞庭，禽封豨于桑林，萬民皆喜

註3：如：萬梓豪、曾梓維(2005)。中外射日英雄神話淺論。輯於《神話與文學論文選輯2004-2005》(頁54-61)一文認爲：「假如我們綜合中國射日英雄羿和希臘的大力士赫克里斯的經歷，不難發現他們所呈現的故事恰恰就是約瑟甘保所認定的英雄冒險。」又如楊娟、朱劍莉 (2011)。羿: 神話 . 英雄 . 冒險之旅。輯於《神話與文學論文選輯2010-2011》(頁28-47)亦是用的「英雄冒險」的文化角度來比較他們的故事

註4：《山海經 · 海內經》：「帝俊賜羿彤弓素矰，以扶下國，羿是始去恤下地之百艱。」

註5：這則故事來自《書庫》(Bibliotheca)，它是西方一部古籍，書中載有大量有關希臘神話的原始資料(例如諸神的家譜)，並以英雄神話爲主，是現代學者研究古希臘神話的重要文獻。

註6：嚴文明，《中国文明的起源》，《國學研究》第四十四卷。引自中國歷史研究網：http://hrczh.cass.cn/ywdt_135233/zt/zgkgxbnlc/202102/t20210218_5603968.shtml

註7：本書提及的吉爾伽美什史詩主要參考李晶，《吉爾伽美什史詩》譯釋，[學位論文]碩士，2008。以及Foster, Benjamin R., trans. and ed. The Epic of Gilgamesh. New York: Norton, 2019.

註8 ：見The Melammu Project, The Heritage of Mesopotamia and the Ancient Near East.http://www.melammu-project.eu/database/gen_html/a0001522.html

註9：見https://jagel.nrw/peloponnes/FamMoraceae.html#morus_alba及https://portal.cybertaxonomy.org/flora-greece/cdm_dataportal/taxon/e31d7613-8c26-4160-b88f-43eac713b537

註10：https://www.treesandshrubsonline.org/articles/morus/morus-alba/

註11：https://www.jstor.org/stable/4287804

註12：淡江大學中國文學系榮譽教授傅錫壬解釋說：《太平御覽》卷53 引許愼注：「大風大鷙鳥也。」又舊題師曠撰晉張華注之《禽經》云：「風翔則風：凬，禽鳶類，越人謂之風伯，飛翔則天大風。」見傅錫壬，<中國神話的口傳特質>，中國文化大學中文學報 第三十一期頁1-16，2015 年10 月。

註13：袁珂編著的《中國神話傳說詞典》認爲：「當是九頭怪獸、怪蛇之屬，能噴水吐火以爲災。」

註14：黃靈庚：《楚辭章句疏證》(二冊) (北京：中華書局，2007年)，頁1092

註15：《水經注 濁漳水》：「漳水又北逕祭陌西。戰國之世，俗巫爲河伯娶婦，祭於此陌。魏文侯時，西門豹爲鄴令，約諸三老曰：『爲河伯娶婦，幸來告知，吾欲送女。』皆曰：『諾。』至時，三老廷掾賦斂百姓，取錢百萬。巫覡行里中，有好女者，祝當爲河伯婦，以錢三萬聘女，沐浴脂粉如嫁狀。豹往會之。三老掾與民，集赴觀。巫嫗年七十，從十女弟子。豹呼婦視之，以爲非妙，令巫 入報河伯，投巫河中。有頃，曰：『何久也？』又令三弟子及三老入白，並投於河。豹磬折曰：『三老不來奈何！』復欲使廷掾豪長趣之，皆叩頭流血，乞不爲河伯娶婦。淫祀雖斷，地留祭陌之稱焉。」

註16：見林立勝、葉超龍 (2012)。河伯神話由來及形象差異探討。輯於《神話與文學論文選輯 2012-2013》(頁82- 89)。檢自: http://commons.ln.edu.hk/chin_proj_6/6/

註17：河神有四種形象。在古希臘瓶畫中，他被描繪成人頭公牛、公牛形狀的半人馬，以及用盤繞的魚尾代替下半身和雙腿的「人魚」。在每種形像中，他的頭上都長著一隻角。在馬賽克藝術中，他被描繪成一個斜倚的男子，一隻手臂放在盛滿流水的罐子上。

註18：《文選．月賦》李善注引《歸藏》：「昔常娥以不死之藥奔月。」

註19：《文選．祭顏光錄文》李善注入《歸藏》：「昔常娥以西王母不死之藥服之，遂奔月爲月精。」《淮南子．覽冥訓》：「羿請不死之藥於西王母，姮娥竊以奔月，悵然有喪，無以續之。」高誘註：「姮娥，羿妻。羿請不死之藥於西王母，未及服之，姮娥盜食之，得仚，奔入月中，爲月精也。」

註20：邱劭晴，《波斯神話故事[更新版]》，好讀出版有限公司，2024

註21：屈原《天問》：「浞娶純狐，眩妻爰謀。何羿之射革，而交吞揆之？」

註22：《孟子: 離婁下》：逢蒙學射於羿，盡羿之道，思天下惟羿爲愈己，於是殺羿。

天上不止一個太陽

在《中古英雄密碼》一文中，作者提出大量線索，猶如偵探般把羿跟各路神話英雄的事跡來個趣味大對比。但其中一個「大事件」：后羿射日，卻不見於海克力斯、吉爾伽美什的故事裡。莫非天上有十個太陽是中華民族獨有，而射日英雄也只得一人？

答案可能並不如此！不用這麼心急，我們先來重溫一下羿射日這則經典故事：

嫦娥與羿

羿射日是中國古代一個家喻戶曉的神話故事。遠古時候，天上有十個太陽，每個太陽都由一隻烏鴉背著(這或許象徵著白天與黑夜的交替)。平時，這些太陽輪流當值，一個太陽和它的烏鴉出來照耀大地，其他九個太陽和九隻烏鴉就待在湯穀一棵名叫扶桑的大樹上休息。

羿射日的漢代畫像拓片。

可是有一天，十個太陽竟然同時掛在天上，熾熱的光芒把大地烤得焦黑，莊稼全枯死了，人們熱得喘不過氣，紛紛暈倒在地。因爲天氣太熱，一些妖怪和猛獸也從乾涸的河湖和悶熱的森林裡跑出來，四處傷害人類。人類的苦難驚動了天帝，天帝便派箭術高超的羿下凡，解救人間的災難。羿帶著天帝賜給他的一張紅弓和一袋白箭，來到人間。憑藉高超的箭術，羿一連射下九個太陽，只留下一個太陽繼續照耀大地。從此人們得以安居樂業，萬物恢復生機。

故事裡出現的扶桑樹是什麼?扶桑樹是古代傳說中的一棵通天神樹，枝幹盤繞交錯，氣勢恢宏，直達天際。《山海經》記載:「湯谷之上有扶桑樹，是十個太陽沐浴的地方，位於黑齒國的北方。樹生長在水中，有巨大的枝幹，九個太陽棲息在下層枝條，一個太陽停駐在上層枝條。」(湯谷上有扶桑，十日所浴，在黑齒北。居水中，有大木，九日居下枝，一日居上枝。)

這十個太陽每日輪流值勤，共同分享光明與溫暖，每十日循環一次，形成一旬的時序。由於扶桑樹高聳入雲，太陽們無法自行攀爬，這時他們的坐騎——三足金烏便發揮了關鍵作用。這種神奇的三足鳥類，成爲太陽們每日往返天際不可或缺的交通工具。

這段記載不僅描繪了古人對太陽運行規律的想像。扶桑樹作爲連接天地的神木，金烏作爲太陽的使者，共同構成了這幅充滿神話色彩的宇宙圖景。

各民族中的射日神話

射日神話在亞洲多個民族中都有流傳，包括台灣原住民的布農族、泰雅族、排灣族、卑南族，以及中國大陸的苗族、瑤族和赫哲族(又稱奧羅奇人，主要分佈於中國黑龍江及俄羅斯西伯利亞地區)。這些神話故事通常以「多日並出」爲背景，描述多個太陽同時出現在天空導致大地酷熱難耐，最後由英雄人物射下多餘的太陽，使氣候恢復適宜人類生存的狀態。

各地方的射日神話分別有：壯族的侯野射落 11 個太陽、布朗族的顧米亞射落 7 個太陽,、黎族的大力射落 6 個太陽和月亮、乞佬族的阿膺以長竿打落 6 個太陽、侗族的螟蛉以大刀砍落 5 個太陽、瑤族的羿以弓箭射落 9 個太陽。從黑龍江一帶往南到雲南及到越南山地占族，往東到台灣原住民，往西蒙古都有。[1]

早在1926年，外國已出現關於射日神話的跨文化比較研究。當時德國學者E. Erkes在荷蘭漢學期刊《通報》(T'oung Pao) 發表題爲《中美神話比較》的論文，首度將中國的后羿射日傳說，與瑪雅文明、印尼蘇門答臘巴塔克族(Battak)、馬來半島塞芒族(Semang)，以及多個美洲原住民部落的太陽神話進行系統性比較。

這項開創性研究發表二十餘年後，台灣學者林俊立在1962年於《民族學研究所集刊》第13期發表相關論文，進一步深入探討台灣原住民族群，特別是布農族與泰雅族的射日神話傳統。這些研究逐步建立了射日神話的跨文化比較框架，爲後世的神話學研究奠定重要基礎。

布農族射日神話

在台灣原住民族群中，射日神話是廣爲流傳的重要民間傳說。這些神話通常包含兩個核心主題：一是多個太陽同時出現(或輪流出現)，二是英雄人物消滅多餘太陽的情節。這兩個主題實際上互爲因果——由於古人認爲多個太陽同時出現會導致嚴重乾旱，因而衍生出消滅多餘太陽的神話內容。

值得注意的是，不同部族對於太陽數量的描述存在顯著差異。在各族的射日神話中，出現的太陽數量從兩個、三個、五個、七個、九個、十個，到十二個、九十九個，甚至多達一百個或一千個太陽的說法。[2]

讓我們來看看布農族的射日神話：

布農族射日神話(一)

口述者：高哲夫(Mudz)，74歲，男

地點：花蓮縣卓溪鄉卓溪村

時間：1992年8月1日

採錄與整理：李福清、浦忠成、田哲益

布農羅馬字翻譯：田哲益

從前，兩個太陽高掛天空，炙熱難耐，人們無法工作。有人提議射落一個太陽，於是一群人踏上征途。他們在出發前種下橘子樹，作爲時間標記。旅途漫長，他們試圖用樹葉遮擋太陽光，但普通樹葉很快枯萎。最終，他們發現一種名爲「asik」的植物葉子，雖會乾枯但不易折斷，適合遮光。他們用「asik」葉遮擋陽光，瞄準太陽，用石箭射中其眼睛。一個太陽被射瞎，化爲月亮，散發柔和光芒，另一太陽不再熾熱。人們返家時，月亮跟隨並告誡：「你們需按我的圓缺舉行祭典。」從此，布農族在月圓時舉行祭典，後代繁衍，作物茂盛。月亮降臨人間，化爲兩座大湖，其中一處即今之日月潭。

布農族射日神話(二)

口述者：高天歌(Kimat)，78歲，男

地點：花蓮縣卓溪鄉卓溪村中正部落

時間：1992年8月3日

採錄與整理：李福清、浦忠成、田哲益

布農羅馬字翻譯：田哲益

古時，兩個太陽使大地酷熱難耐，大人工作時無法攜帶孩子，因石頭也被曬得滾燙，只能將孩子置於樹蔭下，用山羊皮遮蓋。布農族人憤怒，決定射落一個太陽。他們先用樹葉遮擋陽光，但葉子迅速枯萎，後發現「asik」葉耐熱，於是用其遮光，射中太陽。被射中的太陽化爲月亮，先於射者回到部落，告誡布農人需舉行祭典以消除怪異現象。自此，布農族依月亮指引舉行祭典，生活安定。出發前種的橘子樹，返家時已結果，顯示旅程之久。

布農族射日神話（三）

口述者：杜壽（Giang），66歲，男

地點：花蓮縣卓溪鄉高中村

時間：1992年8月7日

採錄與整理：李福清、浦忠成、田哲益

布農羅馬字翻譯：田哲益

從前，兩個太陽炙烤大地。一對夫婦帶著孩子上山勞作，用羊皮蓋住孩子。工作間隙，妻子查看孩子，發現孩子不見，只剩蟻群，羊皮下滿是螞蟻。她憤怒，決心射落一個太陽。出發前，她在家種下橘子樹，沿途試用樹葉遮陽，皆枯萎，唯「asik」葉耐用。她用「asik」葉遮光，射中太陽，大地陷入黑暗。她摸黑返家，途中用木棍和石頭探路，誤擊一隻山羊，山羊雙目冒光，大地重現光明。被射中的太陽化爲月亮，布農人從地下湧出的泉水名爲「sinsuad sakut」（山羊種的太陽）。返家時，橘子樹已高大，孩子也長大成人。[3]

從以上可見，布農族神話與「羿射日」神話均有兩大元素：一、天空上有不止一個太陽；二，天氣因此太酷熱；三，有人把太陽射下來。

布農族的射日神話同樣包含多個太陽輪流出現與消滅多餘太陽的主題。故事大意是：在遠古時期，天上有兩個太陽輪流照耀，導致沒有白天黑夜之分。有一次，一位母親在田裡勞作，把孩子放在地上，沒想到孩子被太陽曬得脫水，竟變成了蜥蜴。孩子的父親悲憤交加，決定射下太陽。出發前，他種下一棵橘樹，然後前往太陽升起的地方，等太陽出現便射出一箭，擊中太陽的一隻眼睛。那個太陽因此變成了月亮。月亮試圖抓人，但因爲人太小，從它的指縫間溜走，月亮便沾著口水繼續抓。後來，月亮與人談判，教給射日者祭祀的儀式和禁忌。射日者回到家時，已是滿頭白髮的老人，他種下的橘樹也已果實累累。他召集族人，傳達月亮的話，並舉辦盛大的祭祀。此後，嬰兒死亡的情況大大減少，子孫繁衍，五穀豐收。

布農族的射日神話雖有不同版本，但情節大致相似：

射日的起因

布農族的射日神話起源於兩個太陽同時或輪流出現，導致草木枯萎、河水乾涸，人們熱得難以忍受。然而，最主要的起因是一位布農族嬰孩被烈日曬死，變成了蜥蜴，讓悲痛的父親憤而決定射下太陽。相較於其他族群僅因酷熱而射日的動機，布農族的故事帶有更強烈的復仇色彩，彷彿是向太陽宣戰。

此外，故事中嬰孩變成蜥蜴是一個獨特的情節。母親爲了保護孩子免受太陽傷害，先用姑婆芋的葉子遮蓋嬰孩，但葉子很快被烈日曬焦。於是她改用香蕉葉來遮擋陽光，卻仍無法阻止悲劇，孩子最終被曬死，變成了蜥蜴。這種人變成蜥蜴的情節，展現了神話中常見的「變形」主題。布農族的神話傳說中，經常出現人類或動物變形的元素，例如人變成鳥、猴、豬、鼠、熊、豹、蛇、烏鴉，或石頭，甚至狗變成鳥、兔肉變成鳥等。

射日的準備

在布農族的射日傳說中，通常由被太陽曬死嬰孩的父親擔任射日者，少數情況下會另選他人。射日的人數有時僅父親一人，有時則是父子兩人共同執行任務。值得注意的是，布農族與泰雅族、魯凱族、賽夏族等都有射日者種植橘樹（或柚樹）的情節，當射日者完成任務歸來時，當初種下的樹木已結滿果實。其中，布農族與其他族群最大的不同在於：泰雅族的故事描述射日者沿途種下橘樹，而布農族則是在出發前種下一棵橘樹。

射日的過程

經過漫長的旅程，射日者終於抵達太陽升起的地方。在大多數的傳說版本中，射日者一箭就射中了太陽的眼睛，導致太陽溫度降低，變成了月亮。憤怒的月亮試圖抓住射日者，但因體型差距而屢次失敗，最後月亮沾口水才成功將射日者黏住，就像黏住螞蟻一樣。

這個「射日變月」的情節是布農族射日神話的重要轉折點，從此故事焦點轉移到受傷的月亮身上。被射中的月亮化為巨人追趕射日者，經過多次嘗試，終於用口水將射日者黏在手掌上。

當月亮(即受傷的太陽)抓住射日者後，雙方展開談判。射日者解釋是因爲孩子被烈日曬死才出此下策，月亮則反駁自己爲世界帶來光明與溫暖，卻遭到恩將仇報。射日者認爲月亮言之有理，便取下身上的護胸爲月亮療傷(這塊護胸後來成爲月亮上的陰影)。月亮則教導射日者祭祀的規矩與禁忌，包括：「不可吃甜食，否則會鬧饑荒」、「新月時必須祭祀，月圓時要用孩童祭祀，否則孩童會死亡」。

這段約定是布農族射日神話的核心。射日者返回部落後，族人依照月亮的指示舉行祭祀儀式，從此嬰兒死亡率降低，部落人丁興旺，五穀豐收。在遠古時代，一粒米就能養活許多人，人變猴子的奇異現象也時常發生；但自從開始按照月相祭祀後，這些異常現象減少，生活逐漸穩定下來。[4]

華夏以外的射日傳說

不只是華夏與少數民族有射日的傳說，往遠方看，由中國西南到印度東北部，甚至美國、中美洲也有消滅多餘太陽的神話。

有研究者指出，關於「十個太陽同時或輪流出現」的神話，印度很早就有了記載，雖然出處稍晚一些。根據Albiruni的《印度》(India)一書記載，婆羅門教徒流傳一個傳說，說十二個太陽輪流出現，燒焦了大地，蒸乾了所有水氣，導致世界毀滅。佛教徒也有類似的傳說，說Meru(按：Meru是耆那教的迷嚧山，等於佛教的須彌山)山有四個世界，彼此興衰更替，七個太陽輪流出現，乾涸了水源，陽光深入地下愈發強烈，將土地變成沙漠。當這種烈焰轉移到其他世界時，原來的世界又會恢復繁榮。烈焰離去後，狂風吹來，雲聚雨降，化爲大洋。從這大洋中生出貝殼，精靈寄居其中，水退後人類便誕生了。如上所述，婆羅門教的傳說提到十二個太陽，佛教提到七個，中國則是十個，但這些傳說的核心觀念——多個太陽輪流出現燒盡地上生物——是相同的。這種傳說見於多種印度《往世書》(Purauas)中。由此看來，中國的十日神話很可能是從印度傳入的。《山海經》更提到，十日輪出的故事屬於黑齒國。[5]

印度的納奇茲聖火

印度的納奇茲聖火傳說中，竟然藏著「十個太陽」的影子。

在印度東南部，火被視爲太陽力量在人間的象徵。歐洲探險家曾記載，當地人搭建的高台寺廟中燃燒著聖火，這正是社區中太陽力量的具體體現。聖火由四根朝向四個基本方向的木頭燃燒而成。在重要的社區儀式上，人們會將動物脂肪、穀物或菸草等祭品投入聖火中，火焰升起的香煙瀰漫空中，傳達族人對地上神靈的祈願。因此，聖火是東南印度人三層宇宙觀中不可或缺的一環。守護聖火有嚴格的規矩，若違反這些規矩，後果不堪設想。以下納奇茲的故事就講述了守護者疏忽時引發的災難。這裡提到的「太陽」，可能指的是世襲的社區領袖，負責主持維護社區福祉的神聖寺廟儀式。

納奇茲神廟的聖火由兩名守護者輪流看守，確保火焰永不熄滅。有一次，一名守護者因事離開，另一名守護者在這期間竟睡著了。醒來時，他發現聖火已滅，而同伴尚未返回。他決定隱瞞錯誤，向路過寺廟的一名男子借了一塊煤炭，假裝點燃煙斗，卻用這煤炭偷偷重燃了神廟的火。這團不純的火焰導致異變，社區的「太陽」領袖當卽病倒。幾天內，九個太陽相繼死去，許多人被派往精神世界侍奉這些逝去的太陽。而點燃不潔之火的守護者也病重不起，感到自己命不久矣，便向一位尚存的偉大太陽領袖坦白了自己的過錯。偉大的太陽立刻熄滅神廟中的不潔火焰，從另一座寺廟取來純淨的火焰。此後，太陽不再死亡，社區的秩序也得以恢復。[6]

中美洲的多個太陽

中美洲有許多廣爲流傳的神話，其中最著名的是關於兩個太陽的故事。根據瓦爾特·克里克伯格（Walter Krickeberg）的神話研究，這一神話有三個版本，其中最知名的是關於貧窮醜陋卻勇敢的神納納瓦津（Nanahuatzin）與富有英俊卻懦弱的神特庫西斯特卡特爾（Tecuciz-técatl）的故事。

故事發生在時間之初，地點是特奧蒂瓦坎（Teotihuacan）。在羽蛇神（Quetzalcóatl）的帶領下，衆神希望將太陽送上天空，驅散黑暗與寒冷，讓生命得以存在。特庫西斯特卡特爾因富有而被選爲主要候選人，他進行了奢華的祭祀，預計跳入火堆犧牲自己成爲太陽。然而，他因懦弱，四次嘗試都未能成功。於是，納納瓦津代替他，雖然他面容滿布痘痕且貧窮，祭品也簡陋，卻勇敢跳入火焰，化爲太陽。就在此刻，特庫西斯特卡特爾鼓起勇氣也跳入火中，成爲天空中的第二個太陽。兩個太陽以同等亮度照耀天空，這一雙日並存的景象成爲瑪雅，尤其是拉坎敦神話的重要主題，後續需消除其中一個。在中美洲神話中，一位憤怒的神向懦弱的特庫西斯特卡特爾臉上扔了一隻兔子，使其失去光芒，成爲光輝微弱的「假太陽」——月亮。

在墨西哥恰帕斯州東部的拉坎敦人，尤其原居於納哈（Nahá）與梅察博克（Metzabok）的北部族群，有一個關於雙日競爭的神話版本：

「人類被創造後，衆神決定賜予天空兩道光芒：白天爲太陽，夜晚爲月亮。雨神門薩巴克（Mensäbäk）未經請示，擅自創造了自己的太陽與月亮。然而，至高神哈丘克尤姆（Hachäkyum）早已創造了太陽與月亮，門薩巴克並不知情。當門薩巴克將他的太陽與月亮抛上天空，天空頓時出現四個天體：兩個太陽與兩個月亮。哈丘克尤姆不滿此景，因人類無法入睡。太陽升起後，白天開始，下午太陽減弱，傍晚結束，但另一個太陽在傍晚六點升起，導致白天無盡，人類無法休息。

哈丘克尤姆說：『這不行。我們創造的人類需要夜間休息。他們由泥土製成，必須睡眠。』他認爲兩個太陽與兩個月亮可能相撞，於是決定將門薩巴克的太陽與月亮取下，送回地面，置於門薩巴克居住的托尼納（Tonina），化爲兩塊圓形巨石，作爲紀念。它們不能留在天空，因門薩巴克試圖與哈丘克尤姆爭權。雖然門薩巴克也是偉大之神，但哈丘克尤姆是至高神，不允許門薩巴克的天體閃耀。如今天空的太陽與月亮皆由哈丘克尤姆創造。門薩巴克放棄再創天體；哈丘克尤姆也未禁止他，但說：『告訴我你的決定，是否將你的天體取下？人類無法睡眠。』門薩巴克同意後，兩神將他的太陽與月亮取下，保存在托尼納作爲紀念。」

神話補充，若保留兩個太陽與兩個月亮，衆神將失去終結世界的能力，因日食時一個太陽被遮蔽，另一個會升起，世界無法終結。哈丘克尤姆因此決定消除多餘天體。這與特奧蒂瓦坎創世神話相似，兩個競爭之神創造了兩對天體，解決之道是消除假太陽。拉坎敦人認爲，多餘的假太陽必須從天空移除，今日的宇宙秩序即由此形成。

瑪雅傳統還有另一神話模式，原型見於基切族聖書《波波爾烏》(Popol Vuh)。此神話同樣講述兩個競爭的太陽，其中一個需被消除。假太陽由世界鸚鵡武庫布卡基克斯(Vucub Caquix)代表，他宣稱：「我將是所有造物中最偉大的，我是太陽與光，我是月亮。」他如特庫西斯特卡特爾般富有、驕傲且傲慢，居於世界樹(axis mundi)上。據《波波爾烏》，此樹名爲「塔帕爾」(tapal)，拉坎敦人稱爲「奇」(chi)，即南酸棗樹(nance，Malphigia Byrsonima crassifolia)，類似櫻桃樹，果實黃色，結滿果實時宛如滿天星斗，是世界樹與夜空首個太陽的原型。

故事中，眞太陽胡納普(Hunahpú)與代表月亮的兄弟伊克斯巴蘭克(Ixbalanqué)對抗假太陽武庫布卡基克斯。胡納普用吹管射擊這隻大鳥神，此神是古典時期至高神伊察姆納(Itzamna)的化身。這一場景是瑪雅藝術中最古老的敘事元素之一，見於公元1世紀恰帕斯太平洋沿岸伊薩帕(Izapa)的石碑。[7]

美洲也有十個太陽

以下資料，與中華神話的對應性更強，教人非常驚訝。

華人自古流傳「月亮上住著兔子」的傳說。沒想到，中美洲的人們也在月亮上看到了一隻兔子。這隻「月兔」在早期瑪雅人中頗有名氣，總是陪伴著月亮女神伊希切爾(Ix Chel)。

這個故事來自一個名叫「Shastika」的部落，記載於Katharine Berry Judson的《加州和舊西南地區的神話和傳說》(1912年)。這個位於加州

瑪雅月亮女神伊希切爾（Ix Chel），依筆者來看，她的頭飾、月兔皆與西王母關係密切。

北部與俄勒岡州南部的部落，如今被簡稱爲沙斯塔或沙斯坦。

故事名爲《老鼴鼠的創作》。故事說，老鼴鼠在某處挖洞，吐出泥土，形成了世界。最初，太陽有九個兄弟，個個像他一樣強壯。但郊狼殺死了這九個太陽兄弟，救世界免於毀滅。而月亮也有九個兄弟，全都像他一樣由冰構成，幾乎凍死了夜間活動的人。因此，當月亮升起時，郊狼用他的燧石刀殺死了九個月亮，保護了夜間的人們。8

月亮上的兔子圖像出現在現存的兩本征服前的阿茲特克手抄本和一本征服後的文件中（"Native American Myths and Legends," which was published by Arcturus Publishing Ltd. in London, 2017.）

希臘英雄威脅射日

看完了美國、美洲的太陽神話，那麼希臘神話中找不找到得線索？原來，希臘神話一樣有英雄揚言要射日的情節：

在海克力斯的十項任務之一「奪取巨人格里翁的牛群」中，格里翁（Geryon）是個力大無窮的巨人，長著三個身體、六隻手和三個頭，住在遠方的厄律忒亞島。這座島位於環繞地球的俄刻阿諾斯（Okeanos）河流西邊，遙遠異常。格里翁擁有一大群牛，由他的僕人歐律提翁和一隻兇猛的雙頭犬守護。歐律斯透斯國王命令海克力斯去搶奪這些牛群。

海克力斯穿越利比亞沙漠，途中被烈日曬得難受，竟威脅要用弓箭射下太陽！

太陽神希路斯趕緊勸他別這麼做。海克力斯聽從了建議，還打蛇隨棍上借來太陽神的金杯，乘著它航行到厄律忒亞島。登島後，他先殺死了雙頭犬，又擊敗了格里翁，成功帶著牛群揚帆離去。

雖然海克力斯沒有眞的「射日」，卻揚言要射日，再者，故事裡亦包含了與各地射日神話中的相同元素——太陽暴烈，人類苦不堪言。這與羿射日神話對照，或許又多了一重對應關係。

至此，希臘神話已有線索。然後，筆者從美索不達米亞的文物圖像中又找到「兩個太陽」的蹤影。

在早期美索不達米亞約西元前2230年一塊名爲「勝利石碑」的石刻浮雕裡（由阿卡德國王納拉姆辛創作，發現於伊拉克泰勒穆蓋亞爾附近的烏爾金字形神塔，現藏於羅浮宮），碑上清晰可見天空上有兩個太陽（見圖）。由於石碑頂部位置損毀，所以不能排除原碑可能刻畫有更多太陽。姑勿論兩個太陽抑或更多，這也是美索不達米亞記載著「天上有不止一個太陽」的重要證據！

註1：萬梓豪、曾梓維 (2005)。中外射日英雄神話淺論。輯於《神話與文學論文選輯 2004-2005》(頁54- 61)。檢自: http://commons.ln.edu.hk/chin_proj_2/4

註2：李福清(B.Riftin)，《射日神話比較研究一以臺灣布農族神話爲主》，東亞文化31輯

註3：陳淑芬、劉育玲，《試論布農族的射日神話》，南華大學。

註4：同上

註5：管東貴，《中國古代十日神話之研究》，《中央研究院歷史語言研究所集刊》33本 (1962/02) Pp. 287-329

註6：見https://archeology.uark.edu/indiansofarkansas/printerfriendly.html?pageName=Natchez%20Sacred%20Fire

註7：Milan Kovac, THE MAYA MYTH ABOUT TWO SUNS

註7：KOVÁ , Milan (2014): The Maya Myth about Two Suns. In Axis Mundi, Vol. 9, 1/2014, pp. 13-21.

註8：https://richardbalthazar.com/tag/the-ten-suns/

古代的機械人、人造人

相傳在隋朝末年，秦王李世民在討伐王世充時失利，被王世充追殺，逃亡途中幸得少林寺武僧相助，才得以脫險。李世民登基爲帝後，爲報答少林寺的救命之恩，特意鑄造了以十八位武僧爲原型的銅像，這便是所謂的「十八銅人」。

另一則傳說提到，少林寺弟子下山前需要通過的考驗並非銅人陣，而是由木頭製成的機關陣。弟子須穿越一條布滿機關的巷子，若觸發機關，巷內十八個手持兵器的木人便會自動出動攻擊。

在古代，這些機關人的存在聽起來似乎不可思議，但其實它們只是「小玩意」。古代世界，不論東方還是西方，都有類似現代機械人或「人造人」的傳說流傳。

中國古代的機械人傳說

《列子·湯問》記載了一則故事：

周穆王(前992-922年)西巡，途經崑崙，登上弇山。回程時尙未抵達國境，遇見一位自薦技藝的工匠偃師。穆王召見他，問：「你有什麼本事？」偃師回答：「只要是大王的命令，我都願意嘗試。我已製作了一件東西，想請大王先看看。」穆王說：「明天帶來，我們一起瞧瞧。」次日，偃師帶著他的作品覲見。穆王問：「跟你來的這人是誰？」偃師答道：「這是我製作的歌舞藝人。」穆王驚奇地觀察，只見這藝人快慢自如，動作靈活，宛如眞人。它低頭便唱歌，歌聲優美；舉手則起舞，步伐合拍，動作千變萬化，隨心所欲。穆王誤以爲是眞人，便召來愛姬與妃嬪一同觀賞。表演接近尾聲時，歌舞藝人竟對穆王的妃嬪拋媚眼。穆王大怒，下令處死偃師。偃師嚇得連忙將藝人拆開，向穆王展示：原來它全是由皮革、木材、樹脂、漆及各種顏料（如白堊、黑炭、丹砂、青雘）組合而成。穆王仔細檢查，發現它內有肝膽、心肺、脾腎、腸胃，外有筋骨、肢體、皮毛、牙齒，無一不備，雖是假物，卻栩栩如生。重新組裝後，藝人又恢復原貌。穆王試著移除它的心臟，藝人便無法說話；拿掉肝臟，眼睛便不能看；拿掉腎臟，雙腳便無法行走。穆王這才驚嘆：「人的技藝竟能與天地自然媲美！」於是命人用馬車將這歌舞藝人帶回國。魯班造的雲梯、墨翟做的木鳶，都自詡技藝頂尖。他們的學生東門賈和禽滑釐聽聞偃師的技術後，告知各自老師。從此，魯班與墨翟再不敢誇耀技藝，只默默守著圓規與直尺，勤奮鑽研。

若將「偃師機器人」的記載視爲幻想小說，這篇故事至少已有1600年的歷史。

周穆王在這故事中展現了科學探究的精神。看到藝人體內的「人工器官」後，他好奇心大起，試圖弄淸各器官的功能。他採用的方法堪稱科學：通過改變輸入與觀察輸出，推測器官的作用。他逐一移除藝人的心臟、肝臟與腎臟，觀察到藝人分別失去語言、視覺與行走能力，得出結論：心臟主語言，肝臟司視覺，腎臟控行走。

這與《黃帝內經》的記載不謀而合：「心開竅於舌」、「肝開竅於目」、「腎主骨」，三者一一對應，毫無偏差。

《生經》卷三《佛說國王五人經》記載了五位王子的故事，其中第二位王子以工巧著稱。他用木材製作機關木人，表演歌舞，動作如跪拜、前進、後退，勝過眞人。王與夫人觀看後喜不自勝。但表演者對夫人拋媚眼，王大怒，下令斬首。工匠解開木人肩頭部件，機關散落，露出三百六十個節點，才讓王息怒。

這則故事在印度及中亞頗爲流行，學者季羨林認爲《列子》抄自《生經》。《生經》譯於西晉太康六年（公元285年），故《列子》成書不會早於此。此外，東漢《道行般若經》、北涼《大般涅槃經》、東晉《華嚴經》及後秦《大智度論》等佛經也提及機關木人。這些記載或許只是用木人無念無欲來譬喻去除雜念，但多次提及機關木人，令人不禁猜想古代是否眞有此技術。

漢代文獻記載，先秦已有一種自動木人，能駕駛木車木馬行駛甚遠。《論衡》提到，一位巧匠爲母親製作木車馬與木人御者，機關齊備，載母出行後一去不返，母親因此失蹤。《漢書·陳平傳》及唐代段安節《樂府雜錄》記載，漢高祖被困平城，陳平製作木偶人，操縱機關於城牆上起舞，吸引敵方閼氏注意，誤以爲眞人，擔心漢高祖納妾，遂退兵。

《北史》記載，隋煬帝爲寵臣柳氏製作機關木偶，設有機關可坐立拜伏，每月與之對飲，宮人將木偶置於座上，模擬酬酢，引以爲樂。《三國志·魏書·方技傳》提到馬鈞製作的木偶能擊鼓吹簫、跳丸擲劍、在繩上倒立，表演百般技藝。《資治通鑑》記載，唐代學士杜寶編《水飾圖經》，朝散大夫黃袞依書以木製七十二種水上表演，木偶能自動演奏鐘磬箏瑟，宛如活人。唐代顏師古《大業拾遺記》記述，酒船停靠賓客處，木人自動斟酒，賓客飲畢還杯，木人接杯再斟，動作流暢。

明代焦周《焦氏說楛》提到，盜墓者觸發陸遜墓機關，木人持劍殺人。唐代張鷟《朝野僉載》記載，將作大匠楊務廉製作木僧，持碗自動行乞，碗滿則發聲呼「布施」，吸引市民圍觀，日進數千錢，堪稱具語音功能的機器人。

印度傳說中的機器人

印度教史詩記載了一則有趣故事：機器人曾守護佛陀遺物。故事發生在阿阇世王（公元前492-460年）與阿育王時代。阿闍世王因發明彈射器及旋轉刀片戰車聞名，佛陀圓寂後，他受託保護佛陀遺體，將其藏於巴連弗邑（今巴特那）地下室。阿育王尋找佛陀舍利，找到藏有舍利的佛塔，卻發現守護者是機器人戰士。

這些機器人被稱爲「bhuta vahana yanta」（精神運動機器），能旋轉如風，以劍斬殺入侵者，部分由水輪驅動，或由工程師之神毘首羯磨（Vishwakarma）製造。毘首羯磨被印度匠人奉爲祖師，其後裔分爲石匠、木匠、鐵匠、金匠、青銅匠五類，擅長精美工藝，類似《聖經》中建造會幕的比撒列與亞何利亞伯。

《阿闍世王守衛傳說》提到，巴連弗邑一青年聽聞「羅馬維薩亞」（Roma-visaya，指希臘化地區）的機器人技術，決心學習。他假死轉生至該地，成爲工程師，娶機器人大師之女，生子後欲將技術帶回印度。他將設計藏於大腿傷口，囑子在自己被機器人刺客殺死後帶遺體回鄉。其子遵囑，取出設計，爲阿阇世王製作機器人軍團，守護佛陀舍利。

兩世紀後，阿育王尋至地下密室，與機器人激戰。一說毘首羯磨助其射箭破壞機關；另一說阿育王請教工程師之子，以重金換取禁用方法，終獲舍利。工程師之子後因消息外洩，被羅馬維薩亞的機器人刺客殺死。

這傳說或許反映了孔雀王朝與希臘文化的技術交流，始於公元前五世紀，亞歷山大大帝征戰後更盛（參見斯坦福大學學者Adrienne Mayor研究[1]）。

11世紀的《護法典》(Lokapannatti)講述了佛陀舍利如何受到來自羅馬維薩亞王國（新羅馬，君士坦丁堡）的機械機器人(bhuta vahana yanta)的保護，直到被阿育王解除武裝。

西方傳說中的機器人

在16世紀末，布拉格的首席拉比Judah Loew Ben Bezalel據說用泥土塑造了一個魔像(Golem)，用以保護猶太社區免受迫害。這魔像需在額頭寫上神秘符號「Schem」才能啟動，啟動後它沉默無言，僅遵從主人指令行動，無法獨立思考。這種設定反映了宗教背景下的觀念：人造之物不得與上帝的創造物相提並論，因此魔像被塑造成無靈魂的移動軀體，與眞正的人類有所區別。

布拉格的馬哈拉爾和魔像，1899。

羅馬詩人Publius Vergilius Maro（公元前70-19年）在中世紀被傳爲魔術師，據說他曾製作了一個能預言未來的「會說話的頭顱」，以及一個由石頭雕成的妓女，展現了超乎常人的技藝。

拜占庭的菲洛（Philo，公元前3世紀）記載了一個自動女僕，這是歷史上最早的實用機器人之一。這個真人大小的人形機器人右手持酒壺，當賓客將杯子放在她左手掌上時，她能根據賓客意願自動倒酒或加水稀釋。女僕胸腔內有兩個密封容器，分別裝酒和水，底部連通管子，通過右手將液體引至酒壺。容器頂部有空氣導管，當杯子裝滿，左手因重量下沉，堵塞氣道，液體停止流動；杯子移除時，左手抬起，氣道再次堵塞，形成真空，停止液體流出。賓客可自由選擇純酒或稀釋酒，女僕的動作精準流暢，堪稱古代工程的傑作。

拜占庭的女僕機械人

希臘神話中的塔洛斯

在希臘神話中，塔洛斯（Talos）是一個由青銅打造的巨型自動機，負責守護克里特島，保護歐羅巴免受海盜與入侵者侵害。他每日繞島三圈，據柏拉圖記載，他還攜帶刻有克里特法律的青銅板，負責監督島上法律執行。當外敵靠近，他會從懸崖上撬下巨石，投擲攻擊來船。

塔洛斯出現在英雄傑森尋找金羊毛的故事中。傑森率領眾英雄乘阿爾戈船，從科爾基斯取得金羊毛，並與科爾基斯國王之女、女術士美狄亞相愛。返航途中，他們抵達克里特島，卻遭遇塔洛斯的阻攔。塔洛斯向阿爾戈船投擲巨石，英雄們疲憊不堪，幾欲撤退。美狄亞挺身而出，命眾人將船停在塔洛斯射程之外。她走上甲板，對空叩拜三次，吟唱三首咒歌，召喚專奪生魂的死亡女神克蕾絲(Keres)，並以雙目迷惑塔洛斯，幻化地獄景象詛咒他。

塔洛斯唯一的弱點在其腳踝，那裡有一條儲存其生命體液「靈液」(ichor，眾神之血)的靜脈，僅由薄皮或青銅釘封住。美狄亞利用這弱點，誘使塔洛斯在搬運巨石時膝蓋擦過尖銳岩石，血管破裂，靈液流出，塔洛斯呆立片刻後轟然倒地。

另一版本記載，美狄亞更爲大膽，從阿爾戈船爬下，接近塔洛斯，假意許以永生或藥草，趁機拔出其腳踝的青銅釘，靈液流盡，塔洛斯倒下。還有版本說，塔洛斯被箭射中腳踝的青銅釘，這是他唯一的脆弱之處。

傑森與眾英雄因此得以登島。這段故事在阿波羅尼奧斯的《阿爾戈船英雄記》(Argonautica)中有最詳盡記述。

塔洛斯的起源有三種說法：一說他由火神赫菲斯托斯(Hephaestus)與獨眼巨人工匠爲克里特國王米諾斯打造，作爲守島之禮；一說他是宙斯創造的青銅世代(the bronze generation)最後倖存者，宙斯將其贈予歐羅巴，作爲愛的象徵，守護她在克里特島的安全；另一說來自古希臘辭書家蘇達斯(Suidas)，稱塔洛斯原屬薩蒂尼亞人(Sardinians)，他們不願將其交給米諾斯，塔洛斯遂跳入火中，燒得通紅，抱住原主人燙死他們。[2]

塔洛斯是否純屬神話，抑或反映了古希臘的先進技術？這仍是學者爭論的焦點。古希臘人是否真能製造如此精密的機器人或巨型戰爭機械，令人遐想。

1963年《傑森與阿爾戈英雄》(Jason & the Argonauts) 電影中的塔洛斯。

古埃及的機械雕像

2022年9月21日，《EGYPT INDEPENDENT》報導約4000多年前的古埃及可能已使用機械系統，創造出能模仿人類動作的雕像，堪稱世上最早的「自動機」。紐約大都會藝術博物館收藏的一尊木雕，經X光檢查，揭示其內藏機械系統：一個滑輪軸與穿過左腿的線系統相連，與雕像肩膀重疊。當軸旋轉，雕像可反覆抬起與放下手臂。這尊雕像被命名爲「Hathor」，象徵古埃及的母性、音樂與歌聲，約於3000多年前製作。[3]

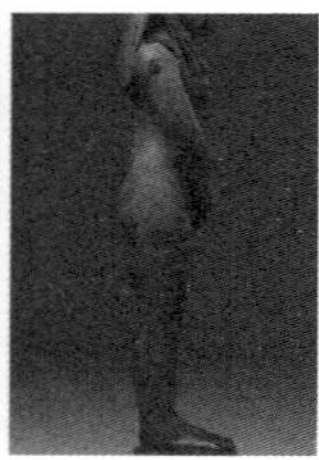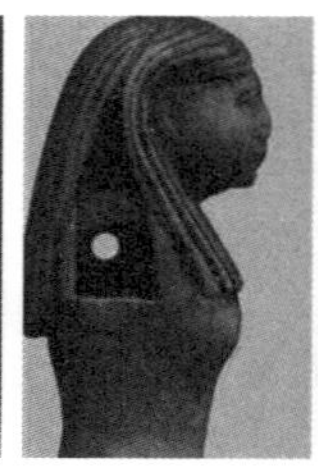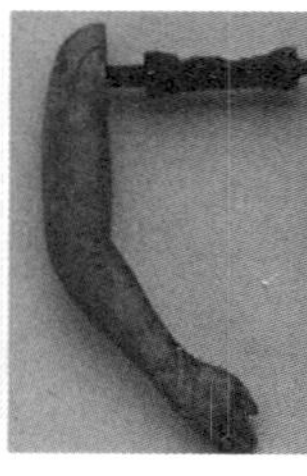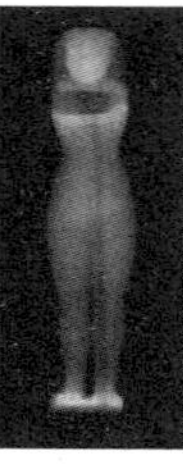

更早的例子可追溯至約4000年前的中埃及帝國時代，一個劇院模型中，三個小矮人由互鎖的滾軸與繩索驅動，表演舞蹈動作，展現了當時的機械工藝。

這些記載令人不禁思考，東西方古代文獻中記述的機器人傳說，是否眞有技術根基，而非純粹幻想？或許，古代匠人的智慧眞的遠超我們想像；又或許，這一切似乎超越當時文明的技術，根本是從某些途徑繼承而來？

註1：見斯坦福大學古典與歷史與科學哲學研究學者Adrienne Mayor的研究。
https://scroll.in/article/916490/in-an-ancient-indian-legend-robots-guarded-buddhas-relics

註2：雅筑安·梅爾(Adrienne Mayor)，《天工，諸神，機械人：希臘神話與遠古文明的工藝科技夢》，八旗文化，2019

註3：《EGYPT INDEPENDENT》:Ancient Egyptians invented first robot 4,000 years ago:study,*https://egyptindependent.com/ancient-egyptians-invented-first-robot-4000-years-ago-study/?fbclid=IwAR2T83q7JIFGBdmnJ5po65h_VlcX5d-1D2lMTh8qTl-AptdA95DtUSfwaRLI*

CHAPTER 2

女神密碼

女神的奧秘——

西王母．巴丁喇木．貢曼傑姆．帕爾瓦蒂．杜爾迦．伊南娜．伊絲塔．娜娜．納奈亞．阿斯塔蒂．阿芙羅黛蒂．伊西絲．奎特什

在「上古英雄密碼」一文中，我們發現羿與美索不達米亞、希臘的英雄事跡有莫大關連。那麼，羿傳說的其他組成部分，又能否找到什麼神秘脈絡？

羿傳說的一大看點，是他向西王母請求不死藥。這則故事對華人來說耳熟能詳：

話說嫦娥的老公羿射下天上的九個太陽後，從西王母取得不死之藥，豈料嫦娥卻取而服之，結果升天奔月，更化爲蟾蜍。你或許不知道，這故事的「古籍版」與民間版略有差異。大抵百姓搞不清嫦娥好端端的爲啥要搶著服藥，於是增添以下情節：羿得藥後，捨不得撇下妻子，於是把不死藥交予嫦娥收藏，不料給徒弟蓬蒙看到了，趁羿不在家之際，打算用劍逼嫦娥交出靈藥。嫦娥明知自己不敵，唯有當機立斷服下不死藥。服藥嫦娥升天移民到月亮，卻變爲蟾蜍[1]。有些版本大概覺得嫦娥變蟾蜍太可憐了，於是說她住在月亮，有吳剛、玉兔和蟾蜍相伴。不過，據古籍所載，並無嫦娥受脅的情節，如《淮南子‧覽冥訓》：「羿請不死之藥於西王母，姮娥竊以奔月。」正如李商隱《嫦娥》一詩說：「嫦娥應悔偷靈藥」，羿的老婆嫦娥可能爲自己而偷藥，與蓬蒙未必有太大關係。

不死藥的原主人，是西王母。在探索西王母於世界神話的隱秘密碼之前，我們得先瞭解西王母的各種屬性。

在古裝神仙片裡，王母娘娘乃經常登場的神祗。這位道教女神，又名瑤池金母，時常有玉女與三足鳥相伴，每逢生日，群仙爲她慶壽，設蟠桃宴於瑤池。不過，這位雍容華貴的神仙原形，卻是「西王母」。據《山海經》載，西王母「其狀如人，豹尾虎齒而善嘯」，披頭蓬髮，住在崑崙之丘，掌管瘟疫與刑罰，一點也談不上華貴大方。

古籍中記述曾見過西王母的人並不算少，而且均赫赫有名，計有羿、周穆王、漢武帝等。這幾人身處年代相隔甚遠，除非西王母當眞是神仙，否則根本不可能是同一人。大部份學者認爲，所謂西王母，應象徵某部落的女酋長，更具體地說，很可能是母系氏族裡，擁有極高權威的巫師或祭師。筆者則認爲，「西王母族」或許眞的是一母系氏族，而族中的巫師被視爲某種「人神同體」的領袖亦不爲奇，但對照世界神話的形象，「西王母」卻更有可能一種女神的演化。

西王母形象的其一源流，來自《山海經》。《山海經》裡那些神奇的故事，可謂大有來頭。它們最初都是上古先民口耳相傳的創作，雖然最後被記錄成書的時間比較晚，中間經歷了復雜的流傳和演變過程。但這完全不影響它的參考價值——只要結合現在出土的文物，或者觀察少數民族部落中保留的圖騰崇拜、符號信仰、宗教文化，甚至是他們對動植物、生殖的崇拜習俗，就能爲我們解開華夏民族早期歷史的不少謎團。

據《山海經》記載，與西王母相關的記載有幾處：

-「西王母梯几而戴勝，其南有三青鳥，爲西王母取食。在昆侖虛北。」（《山海經‧海內西經》）

-「又西三百五十里，曰玉山，是西王母所居也。西王母其狀如人，豹尾虎齒而善嘯，蓬髮戴勝，是司天之厲及五殘。」(《山海經‧西山經‧西次三經》)
-「有西王母之山、壑山、海山。……有三青鳥，赤首黑目，一名曰大鵹，一名少鵹，一名曰青鳥。」(《山海經‧大荒西經》)

《山海經》應是西王母傳說比較早期的源流。《山海經》其實是一部「拼合大作」，由《五藏山經》《海內外經》《海內經》《大荒經》等18卷組成。最初被發現時，串連竹簡的繩子早就爛掉了，竹簡散落一地亂糟糟的，是後人重新整理編排起來的。這本書可不是一口氣寫完的，而是像「連載更新」一樣，不同時代的人陸續補充內容。學者們考證發現，它大概從戰國末年寫到漢代初年，直到劉歆校書時才被編成完整版本。像蒙文通這樣的專家就認爲，《山海經》最早在戰國時期的巴蜀地區成書。所以我們可以說，這部奇書是「戰國開篇，秦漢完結」的跨時代作品。[2]

戰國時期，人們想像中的西王母總是與西方那座通天徹地的神山——崑崙玉山緊密相連。這座巍峨山脈被視爲連接天地的樞紐，而西王母便是這座神山的主宰者。

到了東漢，她的地位再次攀升，從崑崙之巔直接飛升到了九重天庭。在漢代的畫像石中，西王母周圍環繞著各種像征天界的神奇元素：三青鳥作爲信使往來飛舞，玉兔持杵搗制不死藥，羽衣仙人翩然降臨，還有靈性十足的九尾狐相伴。就連與她配對的東王公形像出現，也是這種天界神話體系完善的體現。

此時的西王母已完全蛻變爲天庭女主神的模樣：身著對襟華服端坐雲間，發髻上裝飾的玉勝成爲她最獨特的身份標志。藝術匠人們用細膩的筆觸構建出以她爲中心的天國勝景——右側圓月高懸，月宮中玉兔歡躍，蟾蜍匍匐；左側羽人捧貢，仙禽盤旋，更有兩只玉兔專心搗藥，九尾狐靈動其間，共同組成了一幅充滿生機的神仙長卷。[3]

西王母形像：從《山海經》到漢代畫像

我們如何知道西王母長什麼樣子？答案主要藏在古代圖像裡。漢代的西王母形像並非憑空而來，而是融合了戰國時期的《山海經》《穆天子傳》以及秦漢時期道家神仙方術的記載。比如，《山海經》（成書於戰國末期的巴蜀地區）裡的西王母，原本是個半人半獸的神秘存在。而到了

西王母的「龍虎座」

漢代，四川地區的工匠們把這一形像進一步具像化，形成了獨具特色的西王母畫像。

四川堪稱漢代西王母圖像的大本營，出土的相關文物數量多、種類豐富——畫像石、畫像磚、搖錢樹、銅鏡、陶器等，不一而足。其中，搖錢樹上的西王母像更是四川獨有，主要流行於成都平原一帶。

不過，無論載體如何變化，四川的西王母圖像大多有一個共同點：「龍虎脅侍」(或稱「龍虎座」)。這一固定搭配指的是西王母左右兩側各有一條龍和一只虎，它們通常背對背臥伏，而西王母則端坐於兩者之間，仿佛居於龍虎的背上。這一獨特構圖，成了四川西王母圖像最鮮明的標誌。

月神身份

西王母還有個不爲人知的身份。《軒轅黃帝傳》裡提到：「時有神人西王母，太陰之精，天帝之女」——這裡的「太陰」指的就是月亮，原來這位女神還掌管著月亮的陰晴圓缺。

這種將大地比作母親的神話觀念，早在商代甲骨文時期就出現了。當時人們經常祭祀「東母」和「西母」，這兩個代表宇宙方位的神靈。特別有意思的是，商代人崇拜的「西母」象徵著日落之地，而到了秦漢時期，西王母逐漸被神化。這兩者之間，恐怕藏著一段不爲人知的神話演變史。[4]

在殷墟出土的甲骨卜辭中，我們首次發現了關於「西母」的記載。那些古老的文字記載著：「燎祭東母，用三頭牛」、「燎祭東母，用九頭牛」、「同時祭祀東母和西母，祈求應驗」。這些用火燎祭「東母」、「西母」的儀式，透露著遠古先民對天地神靈的虔誠。值得注意的是，這裡的「西母」很可能就是後世戰國文獻中赫赫有名的神話人物——西王母的前身。

《禮記．祭儀篇》載：「日出于東，月生于西。陰陽長短，始終相巡……祭日于壇，祭月于坎，以別幽明，以制上下：祭日于東，祭月于西，以別外內，以端其位。」

從古老的「東祭日，西祭月」這一祭祀傳統來看，「東母」很可能就是太陽神的化身，而「西母」則對應著月神的身份。神話傳說中的西王母本就帶有鮮明的月神特質，如此說來，甲骨卜辭中記載的那位「西母」，極有可能就是後世文獻裡那位赫赫有名的西王母的最初原型。[5]

再者，在漢墓的文物畫像裡，西王母往往還有九尾狐和小白兔相伴，有時白兔還在搗藥！令人不得不聯想起長伴嫦娥於月宮的兔子。說不定，嫦娥的小白兔，本來就是從西王母那兒借來的（別忘了嫦娥奔月，靠的是服了不死藥，而不死藥的原主人，正是西王母）。

西王母有兔子侍從在搗藥

冥主身份

西王母還有一個不爲人知的隱藏身份。根據《山海經》，崑崙（古作昆侖）山又叫崑崙虛，是華夏的「頭號神山」，也是上古神仙的豪華住所。像至高無上的天神帝俊和女神西王母，都在這兒安家。說到宗教神話，崑崙山堪比天堂，怎麼可能跟幽冥地獄扯上關係呢？這得從上古先民對生死的獨特看法說起。

《山海經》裡記載，上古時期的人們並不覺得人死後靈魂會下地獄，而是認爲靈魂會回到大山，與自然融爲一體。《天問》裡有句話：「日安不到，燭龍何照？」意思是，太陽照得到的地方是人間，陽光照不到的幽暗之地才是靈魂的歸宿。崑崙山高大巍峨，能擋住日月光芒，它那永遠見不到陽光的一面，就被視爲幽冥地獄。而且，崑崙山腳下還有弱水，相當於道教神話裡的黃泉。守護崑崙山的開明獸，後來也演變爲古墓中的鎮墓獸。而坐鎮崑崙山的西王母，自然就成了冥界的主宰！

綜合而言，西王母的屬性可簡約爲：

- 一身虎豹的造形（豹尾虎齒）
- 擁有龍、虎聖獸坐騎（龍虎脅侍）
- 披頭蓬髮，頭上戴著一種稱爲「勝」的飾品（蓬髮戴勝）
- 執掌上天的災厲之氣及五種刑殘之罰（司天之厲及五殘）
- 山神（居於崑崙山）
- 月神（太陰之精，月兔相伴）
- 冥主（[崑崙山腳下有弱水，有開明獸鎮守）

這些屬性，是爲我們破解西王母基因的重要線索。

從西而來

西晉太康二年（西元281年），河南汲縣戰國魏襄王墓出土的《古本竹書紀年》，記載了關於西王母的重要史料。這部編年體史書由魏國史官編撰，成書年代較《史記》更早。書中明確記載：「（周）穆王十七年，西征崑崙丘，見西王母。其年來見，賓於昭宮」，講述周穆王西征時曾拜會西王母，同年西王母更回訪周朝都城，在昭宮受到周穆王隆重接待。

同批出土的竹書《周王遊記》，經後人以當時文字抄錄後改稱《穆天子傳》。這部作品是戰國文人根據五六百年前周穆王西巡的史實，加以藝術加工創作的文學作品。這些出土文獻不僅證實了先秦時期對西王母的信仰，更展現了當時人對這段傳說的詮釋與演繹。

《穆天子傳》是這樣描述的：

【癸亥日】周天子抵達西王母的國度。【甲子日】這個吉祥的日子，周天子以貴賓之禮拜會西王母。他手持白玉圭與玄色璧玉覲見，進獻上百匹華美錦緞和三百匹精緻織帶，西王母鄭重地行禮接受。【乙丑日】周天子在瑤池畔設宴款待西王母。席間，西王母爲天子吟唱道：

「白雲飄浮在天際，山巒自然顯現。路途遙遠漫長，山川阻隔其間。但願您長生不老，還能再度來訪。」

天子回應道：「我將返回東方，治理華夏諸邦。待萬民安居樂業，必當再來相見。約定三年之期，重遊這片土地。」

西王母再次吟詠：「我居西方之地，安居此處樂土。與虎豹爲鄰，同烏鵲共處。

奉天帝之命守此，我本是神界帝女。那些世間子民啊，爲何又要離去？笙簧樂聲悠揚，心隨之翱翔天際。世間衆生之子，唯仰望蒼天旨意。」

宴畢，周天子駕車登上弇山，命人在山石刻記此事跡，並種植槐樹爲記，題刻「西王母之山」作爲標誌。[6]

從以上可見，據古人傳說，西王母居於「西方之地」，不折不扣是一「西方女神」。然而，這西方之地究竟指何處，就人言人殊。

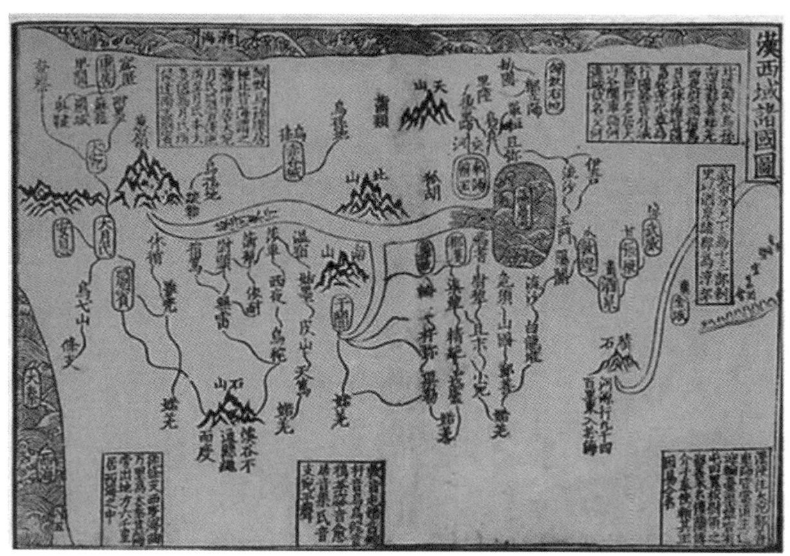

漢西域諸國圖

西方何所指　莫衷一是

有學者把彝族的創始祖母阿西尼摩與西王母作比較，發現「西尼摩」中的「尼」爲黑色的修飾語，所以實際名爲西摩，常記作西膜，也就是西母；而且兩者的裝扮雷同，顯現頭戴一堆飾品披頭散髮的模樣。[7]

有學者認爲西王母是青海湖以西遊牧部落領袖、有的指是準噶爾盆地的女酋長、有的把古代羌、狄部落稱爲「西王母」；更有人考證出一個「西王母國」，乃距今3000-5000年前的牧業國度，位處青海湖西畔的青海省海西蒙古族藏族自治州天峻縣一帶。 也有學者稱西王母是吠陀的杜爾嘎女神；甚或指她是古迦勒底國（兩河流域，今伊拉克巴格達一帶）的月神。

無論誰是誰非，西王母果然住在「遙遠的」西方，與中原相距萬里。可是遠在周代，穆天子（公元前976-922年）就曾與西王母會面，足見古代中國人絕非只在黃河、長江一帶活動，足跡之遠隨時跑到去中東！

崔永紅《西王母考》所說：「西王母並不特指一個人，而是代代相傳的稱號，老王(首領)去世了，繼立的新王（首領）又可稱爲西王母。」這類意見認爲，《山海經》中的西王母實是早期西部部落的首領，同時也是一位大巫師。

西王母當眞是大巫師嗎？筆者不以爲然。

當不同民族相互接觸交流時，往往會吸收彼此的文化元素並產生演變，神話體系也不例外。關於西王母的起源，學界存在多種觀點：法國學者亨利·玉爾（Henri Yule）在《西王母》一書中提出，西王母的原型可能是波斯傳說中的賈姆希德王（Jamchia）；德國學者福克（A. Forke）則認爲她與阿拉伯的示巴女王（Saba）有關；陳漢章在《中國通史》中引述哈特（R. Hart）《西學述略》的觀點，將西王母比作古巴比倫女神伊絲塔（Ishtar）。這些說法雖各有依據，卻尚未形成定論。

饒宗頤教授分析古代神明的性別區分問題時，發現中華民族初祭祀神明爲女性，並肯定了殷商先民以「母」稱呼女神。因此，「西母」極有可能是「西方女神」的意思。[8]

西域女神巴丁喇木

講到華夏民族的「西方」，在古代，理所當然不得不是「西域」。

西域是中國古代對新疆及中亞一帶的統稱，因爲位於敦煌的玉門關和陽關以西而得名。這個名字最早出現在《漢書·西域傳》中，當時主要指天山以南、崑崙山以北，西到帕米爾高原（也就是蔥嶺），東連甘肅的南疆地區。如果把範圍再放大，廣義的西域甚至包括整個中亞、西亞，還有印度半島、東歐，甚至北非的部分地區，地域之廣，超出一般人想像。

遠古時期，西方遊牧民族四處擴張，推動了印歐人東遷的浪潮。大約公元前2000年，一支印歐人來到阿爾泰山區，在天山和阿爾泰山之間形成了黑爾木齊文化。500年後，規模更大的「雅利安人大遷徙」席捲歐亞大陸。公元前1500年左右，這群印歐人從南俄羅斯草原出發，分成好幾路：一路進了伊朗高原，一路到了印度河流域，還有一路來到阿爾泰山南部。而更早之前，同屬印歐語系的吐火羅人已經南下，在塔里木盆地定居安家。

根據《木裡藏族自治縣概況（稿）》記載，在「屋足尼可」洞穴內供奉著許多泥塑老虎，這些老虎被視爲納日人（納西族支系）的象徵。洞中還有一尊特殊的納日婦女塑像，塑像中的女子身穿白衣、騎乘白騾，相傳她就是納日人崇拜的女神「巴丁喇母」（也稱巴丁喇木或巴丁拉木），又被尊稱爲「納日聖母」。

每年農曆正月期間，來自木裡、鹽源、寧蒗三縣的納日族群眾都會前往該洞穴朝拜，場面十分隆重熱鬧。這個傳統信仰活動展現了納日人對巴丁喇母女神的虔誠崇拜。[9]

學者楊學政在《原始宗教論》中深入研究了摩梭、納西等民族的原始宗教神話，特別詳細記載了滇川交界地區藏族、普米族和摩梭人共同崇拜的「巴丁喇木女神」。這位女神被摩梭人稱爲「西番人的女神」，普米人喚作「巴人的女神」，藏族則尊稱她爲「巴人的古老女神」，三族都公認她是「原始女神」。

巴丁喇木女神的聖像是一尊渾然天成的石像，靜臥在海拔5000公尺的喇孜山脈一處天然岩洞中。石像高約1.7公尺，形態酷似女性：頭部垂下數條細密的石絲，宛若女子披散的秀髮；胸前自然隆起兩個石包，恰似豐滿的乳房；身體兩側向外延伸，猶如舒展的雙臂；下半身渾然一體，雙腿未分；腰部纖細而臀部豐滿，最特別的是臀部前側有一指長的狹長凹孔，形狀如同女性生殖器。[10]

「巴丁喇木」女神被視爲美神、愛神、生育神和保護神，「喇木」意思是「女虎」。她不僅守護女性的美貌、愛情和婚姻，還掌管生育，保佑健康，幫忙驅病消災。藏族、普米族和摩梭人生活在山區，狩獵是他們的日常活動之一，這三個民族都尊崇「巴丁喇木」爲森林女神和狩獵女神。他們還相信，女神教會了他們種植五穀、養殖牲畜，因此被奉爲農業生產的保護神和農神。

普米族用古老的汗歸文記載了「巴丁喇木」女神的傳說和經書。他們認爲她是普米族的始祖女神，美麗又能幹，身穿白衣白裙，只喝清泉水、牛奶和羊奶。所以，普米族至今獻給女神的供品只限於牛奶、羊奶、麻布和麻線。藏族同樣崇拜「巴丁喇木」，他們有一套專門的祭祀儀式，用來敬奉女神和驅逐惡鬼，還有一系列讚頌女神的經文。

究竟「巴丁喇木」與西王母有什麼關係？我們不妨探索下去。

班丹拉姆、巴丁喇木、貢曼傑姆和西王母的關係

藏族、普米族與摩梭族共同信奉的女神巴丁喇木，在西藏被稱爲班丹拉姆（藏文：དཔལ་ལྡན་ལྷ་མོ，英文通常拼寫爲Palden Lhamo）。這兩個名稱的發音幾乎完全相同。班丹拉姆意爲「光輝女神」，也譯作「吉祥天母」，她能化身爲各種憤怒相的護法神與空行母。

位於江孜寺（Gyantse Gompa）的班丹拉姆，1993年

特別值得注意的是，班丹拉姆是藏傳佛教護法神中唯一的女性神祇，與迦羅面巴、瑪哈嘎拉、多沙毘羅、貝嘎提、馬頭明王、大威德金剛等共同構成八大護法神。根據藏傳佛教記載，第一世達賴喇嘛根敦珠巴曾親見吉祥天母顯聖，當時天母向其承諾「將守護達賴喇嘛的轉世傳承」。此後，她確實履行諾言，成爲歷代達賴喇嘛的專屬護法神，尤其被視爲第十四世達賴喇嘛的重要守護神。

在西藏各地及衆多主要寺院中，都可見到信衆對吉祥天母的虔誠供奉，展現了這位女神在藏傳佛教信仰體系中的重要地位。[11]

在藏族與蒙古族的史詩《格薩爾》中，記載了一位名爲「貢曼傑姆」(Gungmen Gyalmo)的仙女。這部史詩以部落戰爭爲主題，講述主角格薩爾王率領嶺國三十位勇士，平定四方、爲民除害，最終統一多康地區及周邊雪域藏地的故事。

格薩爾王能夠屢戰屢勝，除了民心所向外，更重要的是獲得天神指引。無論是出征、行動或重大決策，都會有仙女貢曼傑姆、梵天王或蓮花生大士前來傳達神諭。這三位神明主導著格薩爾王的一生，而他也完全遵從神明的指示行事。

值得注意的是，這位「貢曼傑姆」(天后)女神在藏傳佛教神系中並無對應形象，但在苯教傳統中卻十分重要。她是苯教創世神桑波本赤(桑波本奇里)在創世之初所生的九位原始女神之一。[12]

有研究者認爲，貢曼傑姆、巴丁拉木和西王母在歷史文化上有關係，所以提出這兩位女神是一神二名或一神多名：

「雲南的普米族與彝族大多屬氐羌的後裔，也可以說是同源異流。在普米族民間也有崇拜白額虎，以之爲圖騰的習俗，他們信仰「巴丁拉木」，藏語稱爲「dpalldanlhamo」。據說這位女神的生活習俗是「穴居」，所以供奉在山野洞穴中，也稱之爲「白色母虎」。

且看《漢武外傳》一書對西王母的描寫：「王母至也，群仙數千，光耀庭宇。王母惟扶二侍女上殿，侍女年可十六七，服靑綾之桂，容眸流盼，神姿淸發，眞美人也。王母上殿東向坐，著黃金褡襡，文采鮮

明，光儀淑穆，帶靈飛大綬，腰佩分景之劍，頭上太華髻，戴太真晨嬰之冠，履玄鳳文之舄。視之年可三十許，修短得中，天姿掩藹，容顏絕世，真靈人也。下車登床，帝跪拜問寒暄畢，立，母呼帝共坐。」西王母的這一形象與《格薩爾》中貢曼傑姆形象具有驚人的相似之處。譬如，〈門嶺篇〉中：「睡在梵天神帳中的大王便恍惚看見貢曼傑姆，由十萬空行母伴隨，坐下騎著青玉龍，後面牽著白唇野馬，在尋香玉女悅耳的琵琶聲中來到面前。格薩爾突然從夢中醒來，抬頭仰望天空，看見面前天空中一彎彩虹，姑母站在彩虹中間，四周有青蓮花、睡蓮花、白蓮花等神花的花雨降落，芬芳撲鼻；各種仙樂，悠揚動聽。」又如〈取寶篇〉中：「居住在西北方沐里靈魂湖的姑母貢曼傑姆，身披珠飾絲綢衫，手持彩箭和長壽寶瓶，胯下騎著白獅子，有十萬預言空行母陪伴，逶迤來到格薩爾寢宮上空，站在一彎彩虹中間，用蜜蜂細微曲調唱道。」

在史詩《格薩爾》裡描述的貢曼傑姆和很多漢文書籍記載的西王母有共同特徵：儀態萬方、三十歲左右、高矮適中、天姿掩藹、容顏絕世、芳齡永駐、光艷照人，美神也，同時又都是賜福、賜壽、化險消災的吉祥天母。另外，西王母與「貢曼傑姆」在名稱上也能看出其同出一源的痕跡。」[13]

印度女神解碼

要探索西王母與中亞、西亞，乃至歐洲甚或更遠的神譜基因，有一處地方不忽略——印度。就讓我們把目光放到這個吠陀國土。

華夏古神系研究者朱大可認爲，女媧、盤古、西王母等中國上古大神，皆是「外來身份」。比如，對《山海經》的研究表明，西王母的原型是印度濕婆。

《山海經》裡面有關於西王母的三段描述，說西王母代表死亡和刑罰。這描述了濕婆的一種神格，濕婆是一位雙面神，既代表生命，又代表死亡。《山海經》裡描寫的是關於毀滅和死亡的這一面。西王母的形像是豹齒虎尾，而濕婆的造型是披著虎皮。西王母蓬發善嘯，因爲濕婆是舞蹈之神，當她跳舞時，就會蓬散頭發，發出尖利的嘯叫。西王母頭上戴了一個新月形的頭飾(戴勝)，這正是長在濕婆額頭上的第三只眼睛。

除此之外，《山海經》裡還描寫了西王母的穴居風格，這使很多人感到困惑，但放在濕婆身上就很好解釋。濕婆在山上修煉了兩萬年，而修行的地點，就在岡底斯山主峰岡仁波齊山的石洞裡，位於今天的西藏阿裡地區，山下有一個美麗的大湖，叫瑪旁雍錯，應該就是傳說中的瑤池。[14]

筆者認爲朱大可的說法值得商榷。相比起濕婆，西王母反而與濕婆的妻子出現更深的關係。

提毗（Devi）是印度教性力派心中的至高女神，堪稱所有女神的「總代表」和「原型」。她是大地的化身，代表孕育和豐收，同時又跟蓮花緊密相連，被尊爲蓮花女神。在吠陀經典中，她被讚頌爲「一切的本源」（Vishvasvam），還與天父特尤斯搭檔，成爲衆神之母。她也以烏瑪

(Uma)的身份，作爲濕婆的妻子出場，甚至在佛教中被吸收爲地天(堅牢地神)。

印度神明的名字多得讓人頭暈眼花，文獻裡還提到另一位女神薩提(Sati)，名字不同，但本質上跟提毗是同一位神。薩提又有卡莉(Kali)、卡莉卡(Kalika)或昌迪卡(Chandika)等稱號，這些名字都跟她狂野、強大的力量有關。在衆神的請求下，這位女神以烏瑪的形象降生，才得以嫁給濕婆。

雪山女神帕爾瓦蒂

濕婆的另一位妻子是雪山女神帕爾瓦蒂(Parvati)。當帕爾瓦蒂化身爲杜爾迦(Durga)或卡莉時，她的力量往往以憤怒的戰鬥姿態展現，帶著濃烈的殺戮氣息。

卡莉的起源也跟帕爾瓦蒂和濕婆有關。帕爾瓦蒂通常被描繪爲溫柔善良的女神。《林伽往世書》(Devi Mahatmyam)記載，濕婆請帕爾瓦蒂對付阿修羅達魯卡，因爲達魯卡有個「只有女性才能殺他」的特殊恩賜。帕爾瓦蒂融入濕婆的身體，化身爲卡莉，成功擊敗達魯卡和他的軍隊。但卡莉的嗜血慾望一度失控，直到濕婆出手才平息下來。卡莉的誕生還有另一說法：帕爾瓦蒂脫下黑色皮膚，化爲卡莉（也被稱爲考什卡，意爲「皮膚」），而帕爾瓦蒂自己則以高利（「美人」）的形象出現。

細究帕爾瓦蒂或杜爾迦的事跡，不難發現祂與西王母的神秘連繫。

話說雪山女神帕爾瓦蒂決心贏得濕婆的青睞。她先是細心照料正在苦修的濕婆，希望引起他的注意。這位絕世美人甚至得到愛神迦摩（Kama）的幫助，迦摩將春日芬芳帶入濕婆修行的洞穴，並拉開蜂弦弓、搭上花箭，瞄準濕婆的心臟。然而當箭矢射出時，濕婆睜開第三隻眼，噴出神火將迦摩燒成灰燼。

帕爾瓦蒂並未因此放棄。既然溫柔的侍奉無法打動濕婆，她決定改以苦修來證明自己的誠意。她開始長時間單腳站立冥想，無論酷暑嚴冬都堅持不懈。神奇的是，這些苦修反而讓她的容貌愈發美麗。最終濕婆現身考驗她，先是僞裝成普通人詢問：「妳爲何想嫁給衣著獸皮、無親無族的濕婆？」帕爾瓦蒂回答：「濕婆即是梵，雖爲信徒顯現形相，實則超越一切。我誓言若非濕婆，終身不嫁。」這番話讓濕婆確信她的覺悟，於是顯露眞身向她求婚。

在印度女神信仰中，卡莉（黑膚女神）與高莉（Gauri，白膚女神）形成對比。南印度傳說中，濕婆常同時擁有兩位伴侶：白皙的新娘高利（即帕爾瓦蒂），以及黑膚的情婦卡莉（代表未馴服的野性力量）。帕爾瓦蒂的名字意爲「山岳之女」，也稱喜瑪瓦蒂（Haimavati，即喜馬拉雅山之女），因其父即是擬人化的喜馬拉雅山。而杜爾迦（意爲「難以接近」）之名，可能也暗示這位女神與高山的淵源。[15]

至於杜爾迦（又稱難近母），她是印度教中重要的女神，作爲母神摩訶提毗的主要化身受到崇拜。她象徵保護、力量、母性、毀滅與戰爭。

難近母的傳說講述她與危害和平、繁榮及佛法的邪惡與惡魔力量作鬥爭，代表善良戰勝邪惡。人們相信她會以神聖的憤怒懲治邪惡，解放受壓迫的人，並通過毀滅帶來創造的力量。她被視爲慈愛的母親形象，常被描繪爲美麗的女子，騎著獅子或老虎，擁有衆多手臂，每隻手持一件武器，經常擊敗惡魔。她深受以女神爲中心的沙克蒂教信徒崇拜，在濕婆教和毘濕奴教中也極具重要性。

難近母的起源是「喜馬拉雅山和溫迪亞山居民崇拜的山神融合」的結果，是阿比拉（Abhiras）的戰爭女神。後來，她化身爲卡莉（Kali），成爲掌管時間與毀滅的女神，而她的某些面向以原始能量的形式出現，融入輪迴觀念。在印度教中，難近母共有九個化身。

最著名的傳說是她擊敗瑪希沙蘇拉的故事。瑪希沙蘇拉是半牛惡魔，爲了取悅梵天，他進行了嚴苛的苦行。多年後，梵天被他的虔誠感動，現身於他面前。惡魔請求永生，梵天拒絕，說凡人終有一死。瑪希沙蘇拉轉而要求只有女性才能殺他，梵天答應後離去。瑪希沙蘇拉開始殞地，侵擾無辜，佔領斯瓦爾嘎，毫無畏懼，因他認爲女性無力對抗。天神們憂心忡忡，向三相神求助。三相神合力將神力凝聚，化爲多臂女戰士阿迪沙克蒂。喜馬拉雅山的化身喜馬偕爾邦賜她一頭獅子作爲坐騎。難近母騎獅子現身，瑪希沙蘇拉化爲不同形態進攻，但她每次都摧毀其形態。最終，難近母以三叉戟刺殺化爲水牛的瑪希沙蘇拉。

難近母是戰士女神，展現驍勇善戰的武藝。她的肖像常反映這些特質：騎著獅子或老虎，擁有八至十八隻手臂，每手持一件武器，既能毀滅也能創造。她常被描繪爲與水牛惡魔瑪希沙蘇拉戰鬥並最終獲勝。畫像中的她戰姿威猛，臉龐卻平靜安詳。在印度教藝術中，這種寧靜源於一個信念：她的保護與暴力並非出於仇恨、自私或暴力快感，而是出於需要、對善良的熱愛、爲拯救依賴她的人，以及開啟通向自由創造的旅程。

杜爾迦

屬性比較

西王母、帕爾瓦蒂及杜爾迦均擁有老虎坐騎，頭戴著一種特別的頭飾。西王母執掌上天的災厲之氣及五種刑殘之罰，杜爾迦或卡莉的力量往往以憤怒的戰鬥姿態展現，帶著濃烈的殺戮氣息。濕婆因苦行而穴居，原來未嫁給濕婆前的帕爾瓦蒂，亦曾穴居苦行。西王母掌管崑崙山，帕爾瓦蒂則是「山岳之女」。

杜爾迦、伊南娜和娜娜女神

從四川成都經雲南至緬甸、印度，並進一步通往中亞、西亞和歐洲地中海地區的「蜀新毒道」，是歷史文獻所記載的最早的中西交通線路，也是富於盛名的「南方絲綢之路」的西線。

從這條南方絲綢之路，杜爾迦女神會否與中亞、西亞的諸多神明有所交集？

談到此處，我們終於要介紹本篇文章的兩位核心女神——伊南娜(Inanna) 和娜娜(Nana) 女神。她倆是蘇美和巴比倫的重要神明。

蘇美(Sumer) 是一個古老的地域名稱，巴比倫(Babylon) 則是一個古代城市名稱，兩者都是具體的地理概念。然而，蘇美文明和巴比倫文明並不完全等同於蘇美地區的文明或巴比倫城市的文明，也不完全是由蘇美人或巴比倫人創造的文明。

兩河流域有文字記載的文明歷史長達三千多年，大致可分爲兩個階段：從大約西元前3200年的烏魯克IV(Uruk IV) 到古巴比倫帝國建立(西元前十八世紀) 之前，這段歷史被稱爲「蘇美文明」；從古巴比倫帝國建立到古波斯帝國滅亡(西元前四世紀)，這段歷史被稱爲「巴比倫——亞述文明」(Babylonian-Assyrian Civilization)。

美索不達米亞北部通常被稱爲亞述(Assyria)，南部則稱爲巴比倫尼亞(Babylonia)。巴比倫尼亞又可細分爲北部的阿卡德(Akkad) 和南部的蘇美。

最先建立城邦國家的是蘇美人。這個民族的起源充滿神秘色彩，無人知曉其確切來歷，但他們留下了以神殿爲中心的城市和用楔形文字記錄的神話，可以說是美索不達米亞神話的開端。

隨後，屬於閃米特(Semitic)語系、分布於西亞至北非的阿卡德人征服了蘇美人，建立起龐大的帝國。他們並未否定蘇美人的文化，反而在此基礎上進一步發展了美索不達米亞神話。

美索不達米亞神話是由統治該地區、使用不同語言的多個民族共同創造的，這些神話通過楔形文字記錄下來，形成一個豐富的神話群。

本書首篇「上古英雄密碼」裡，伊南娜(Inanna)已在《吉爾伽美什史詩》裡登場。阿卡德版本的《吉爾伽美什史詩》中，伊絲塔(I tar)請求吉爾伽美甚成爲她的配偶。當他輕蔑地拒絕時，她釋放了天牛，導致恩奇都死亡，吉爾伽美什隨後也陷入了與自己死亡的鬥爭中。

伊南娜是戰爭、愛情和生育女神，同時也與政治權力、神聖法律、性吸引力及繁衍有關。她最著名的象徵包括獅子和八角星。獅子最初是蘇美豐饒女神伊南娜的象徵動物，後來也成爲女神伊絲塔的代表。伊南娜和伊絲塔原本是兩位獨立的神祇，但在阿卡德的薩爾貢(Sargon)統治時期，兩者被合併爲同一位女神，僅名稱不同。

伊南娜

伊南娜是美索不達米亞衆神中最重要的女神之一，關於她的神話數量也是所有女神中最多的。她最廣爲人知的身份是愛神、人類及動物生殖之神，但同時也是戰爭女神。在阿卡德文學中，她被稱爲伊絲塔。

伊南娜的名字本義是「天之女王」(Queen of Heaven)，在蘇美神話中，她以「天地之女王」(the Queen of Heaven and Earth)聞名，掌管萬物生長與人類繁衍。她是月神南那(Nanna，阿卡德語稱辛神Sin)與蘆葦女神寧伽爾(Ningal)的女兒，太陽神烏圖(Utu，阿卡德語稱沙瑪什Shamash)的妹妹，姊姊則是冥界女神埃列什基伽勒(Ereshkigal/Ninkigal)。

她是天界的金星女神，也是豐收女神，後來的神話發展中，她的神格逐漸擴展，融合了王權守護者、戰爭女神等角色，使其形象更加多元。伊絲塔信仰遍佈古代近東地區，並與各地的女神信仰相互融合。

伊南娜下陰間

這位女神較爲人所知的神話有蘇美版《伊南娜下陰間》、阿卡德版《伊絲塔下陰間》、《伊南娜與恩基》、《伊南娜與埃比》、《伊南娜與舒卡勒圖達》。伊南娜作爲非主要角色出現的神話也有很多，如蘇美的《吉爾伽美什》、《恩奇都與陰間》，及後期的阿卡德巨著《吉爾伽美什史詩》。許多關於伊南娜的蘇美頌歌流傳下來，如nin-me-sar-ra和in-nin sa-gur4-ra

其中，古巴比倫時期的《伊南娜下陰間》，可謂伊南娜神話中最重要部分之一。伊南娜出行的目的是奪取統治冥界及陽界的權力。

伊南娜決心前往冥界。她將自己的意志從「遼闊的天界」延伸到「廣袤的地下世界」，放棄了天界與人間的權力，準備深入冥界。臨行前，她穿戴好象徵神力的七件聖衣，並吩咐侍從寧舒布爾（Ninshubur），若三天後她仍未歸來，便需按她的指示行動。

抵達冥界入口「甘澤爾宮」（Ganzir）時，伊南娜氣勢洶洶地敲響大門，高聲呼喚守門人尼提（Neti）。她謊稱自己正要前往東方，隱瞞了真正的目的。尼提請她稍候，自己先去稟報冥界女王埃列什基伽勒（Ereshkigal）。女王對伊南娜的裝束與來意心生警惕，隨即向尼提下達命令。

尼提帶領伊南娜穿過七道冥界之門，每過一道門，便脫去她一件衣物，並解釋這是冥界的規矩。最終，伊南娜赤身裸體地來到埃列什基伽勒面前，神力盡失，被徹底「制服」。憤怒的冥界女王從王座起身，伊南娜立刻坐上她的位置。安努那基（Anunnaki）眾神審判了她，將她處死，屍體懸掛於鉤上。

寧舒布爾的救援行動

三天過去，伊南娜仍未歸來，寧舒布爾便依令展開救援。她首先前往尼普爾城（Nippur），向天神恩利爾（Enlil）求助，但恩利爾憤怒拒絕，指責伊南娜貪圖天界與冥界的雙重權力，並說：「覬覦冥界之力者，就必須留在那裡！」接著，寧舒布爾轉向烏爾城的月神南那（Nanna），同樣遭到拒絕。最終，智慧之神恩基（Enki）答應相助。

恩基創造了兩個特殊的存在——庫爾迦魯（Kurgarra）與卡拉圖魯（Kalaturra），並賦予他們能讓死者復活的「生命之草」與「生命之水」，教導他們如何救回伊南娜。

兩人抵達冥界，發現埃列什基伽勒正痛苦呻吟，便協助她緩解不適。女王感激之餘，願賜禮物回報，但他們只要求帶走伊南娜的屍體。他們將聖水灑在伊南娜身上，並讓她服下生命之草，使她復活。（按：讓伊南娜復活的生命之草，筆者推測與吉爾伽美什獲得的「永春草」可能是同一類東西。由此分析，羿的「不死藥」固然從西王母手中獲得，吉爾伽美什的永春草說不定亦與女神有淵源。）

逃離冥界的代價

然而，當伊南娜準備離開時，安努那基衆神攔住她，宣稱「無人能活著離開冥界」，若要重返人間，必須有人代替她留下。一群兇惡的魔鬼（galla）緊隨其後，監督她尋找替身。

回到人間後，伊南娜首先遇見忠僕寧舒布爾，她拒絕交出這位盡職的侍從。隨後，她在烏瑪城（Umma）遇見沙拉（Shara），在巴得提比拉（Bad-tibira）遇見盧拉（Lulal），均未將他們交出。但當她來到庫拉布平原（Kullab）的一棵蘋果樹下，看見丈夫杜姆茲（Dumuzi）衣著華貴、安坐王座，頓時大怒，將他交給魔鬼抵罪。

杜姆茲驚恐求救，他的兄長太陽神烏圖將他變爲蛇，助他逃脫，但魔鬼最終仍捉住了他。伊南娜（或埃列什基伽勒）下令，此後杜姆茲與其妹格什提娜娜（Geshtinanna）需輪流在冥界度過半年，以作替代。「就這樣，神聖的伊南娜讓杜姆茲成了她的替身。」

伊南娜的眞正目的

伊南娜此行是爲了擴張權力至冥界。她在人間已擁有強大神力，但渴望更進一步，這點從恩利爾的斥責中清晰可見：

「(我的女兒)渴望天界的權力，也貪圖地下的權力。

冥界之力豈容覬覦？得此力者，必永留冥界！」

儘管伊南娜最初看似失敗——她被剝奪神力、處死並懸屍——但這其實是她計劃的一部分。她預見此結果，事先安排寧舒布爾求援。最終，恩基的智慧使她復活並重返人間，成功將冥界之力納入掌控。

表面上看，伊南娜的冥界之行以「失敗」告終，但實際上，她已達成目的。她的「死亡」只是暫時的削弱，而透過精心策劃的復活與替身安排，她最終實現了對冥界力量的影響。這顯示伊南娜從未打算永久留在冥界，而是以智謀奪取其神力，鞏固自己「天地女王」的地位。[16]

從這故事，我們可看到伊南娜地下冥界神力的關係，似乎可對應西王母作爲冥界之主的關係。

奪取宇宙之書

在伊南娜神話中，另一個重要篇章是奪取「宇宙之書」。在蘇美神話《伊南娜與恩基》(Inanna and Enki)中，文字被視爲智慧神恩基(Enki)所掌管的八種文明要素之一。這些「文明要素」在蘇美語中稱爲「me」，概念抽象、難以捉摸，卻無處不在。西方學者通常將「me」翻譯爲「神力」。

伊南娜是烏魯克(Uruk)的守護神，極其渴望爲自己的城邦爭取這些文明要素。於是，她前往天宮拜見父親恩基(有些版本她是恩利爾的女兒，這版本卻是恩基)。恩基設宴款待女兒，卻不勝酒力，酒尚未喝盡便已醉倒。在興奮之中，他將百種文明要素全盤托出，賜給了伊南娜。伊南娜趁著恩基醉酒，帶著這些寶物乘天船迅速返回烏魯克。恩基清醒後發現寶物被取，急忙派大臣伊伺木(Isimu)帶領怪獸翻山越海追趕，試圖奪回賜物，但爲時已晚，終未成功。伊南娜滿載而歸，意氣風發，將騙得的文明要素賜予烏魯克的子民，從此民智開化。[17]

娜娜／納奈亞女神

接下來我們介紹另一位和伊南娜關係密切的女神——娜娜(Nana)／納奈亞(Nanāia))。

娜娜女神的崇拜起源於古代兩河流域，後來被波斯帝國繼承。隨著亞歷山大大帝建立帝國及希臘化時代的到來，她的崇拜在西亞和中亞地區與希臘、印度、伊朗的相似神祇及信仰融合，最終通過祆教沿絲綢之路傳入中國中原。雖然她的身份、形象和職能多次變遷，但核心特徵始終得以保留。

娜娜是兩河流域南部最古老的神祇之一，其起源可追溯至蘇美—阿卡德時期(約公元前4000年末至前3000年)。在烏爾第三王朝(約公元前2112至前2000年)，她具備了蘇美神話中性愛、豐收與戰爭女神伊南娜的特徵。

娜娜的早期形象與獅子相關，獅子可能是她力量的象徵。她是烏魯克城的守護神，也是金星之神，常被描繪爲站在兩頭雌獅背上。根據蘇美神話，她曾下到冥界，雖死去卻復活重返人間。因此，她的雕像及相關象徵符號(如玫瑰、圓形花飾、八角星、頭巾、獅子、紅玉髓等)常出現在墓葬中，寓意護佑死者在冥界享有美好生活。伊南娜有許多蘇美語名稱，娜娜是其中之一。伊南娜在阿卡德語中對應的神是伊絲塔。因此，娜娜與伊南娜、伊絲塔可視爲不同名稱下的同一神祇，伊南娜—伊絲塔的獅子標誌也成爲娜娜的象徵。然而，作爲獨立個體，娜娜與伊南娜—伊絲塔仍有區別，各自擁有獨立的祭祀場所。娜娜僅因吸收了她們的職能與特徵，才與之產生聯繫並被認同。

娜娜的身世也反映了她與其他美索不達米亞神祇的融合。在一首古巴比倫時期的讚美詩中，娜娜的父親是天空之神安（Anu），他賦予她最高女神的地位。但在一首新亞述時期的讚美詩中，娜娜的父親則是月神辛，這顯然是因她與伊南娜—伊絲塔融合的結果。[18]

娜娜是否爲伊南娜的化身，學術界尚未達成共識，存在不少爭議。然而，這一觀點並非定論，我們或許應將其視爲一條重要線索，來探究對這位戰神女神的崇拜如何影響了當今的神秘表現形式。需要注意的是，部分最初與伊南娜崇拜相關的性儀式，如今在印度仍以性力教（Shaktism）和密宗（Tantra）的形式延續。

不過，娜娜女神的故事記載並不詳盡。在中亞，現存僅有少數提及納奈亞的長篇文本，但有大量帶有簡短銘文的繪畫、雕塑和貨幣圖像。因此，我們無法深入分析長篇文本，只能通過研究她的圖像中的視覺特徵來了解她。

納奈亞女神

杜爾迦與伊絲塔、納奈亞的對應關係

從杜爾迦和伊絲塔的特徵來看，她們之間顯然有著密切的聯繫：

愛情、性、戰爭、獅子、武器（特別是弓箭）、以及八角形「羅摩衍那」（Ramayana）等符號。這些特徵顯示了她們的本質具有顯著的融合性。最初爲伊絲塔表演的劍舞，這種劍舞與印度爲難近母進行的劍舞有相似之處。

進一步探究，伊南娜—伊絲塔在阿卡德和巴比倫文化中的對應神祇——更加強化了這種聯繫。她是愛、美與生育的女神，同時在戰場上英勇無畏，守護著國王與軍隊。獅子作爲她的忠實伴侶，在古代神話中與她形影不離，其咆哮展現的力量，與杜爾迦的雄偉坐騎所象徵的勇氣和無畏十分相似。伊絲塔熱情而自信的性格，以及她爲實現自身願望而奮戰的決心，與杜爾迦所展現的獨立精神相互呼應。這些相隔千里的古代文化，似乎都對女性力量有著深刻的共鳴。

至於杜爾迦和納奈亞的關係，根據學者研究，納奈亞從公元前二千年的烏爾第三王朝開始，經歷數千年的宗教與文化傳播，最終演變爲印度教女神杜爾迦。這個演變過程不僅展現古代世界經濟、社會與政治的交流網絡，更體現宗教符號與屬性的跨文化傳承。透過世界系統分析與結構主義神話研究，可以追溯納奈亞如何從美索不達米亞的女神形象，經由中亞的巴克特里亞（Bactria）、索格底亞（Sogdia）和貴霜（Kushan）文化，最終融入南亞的杜爾迦崇拜體系。

一、美索不達米亞時期的納奈亞（約公元前2112-2004年）

考古證據顯示，納奈亞最早以性愛與生育女神的身份出現在烏爾第三王朝時期，具備以下核心屬性：

· 母神特質：與蘇美女神伊南娜及阿卡德女神伊絲塔相關聯，被視爲至高母神。

· 愛情與生育：在伊辛-拉爾薩（Isin-Larsa）和古巴比倫時期（約公元前2000-1595年）的供奉清單與王室銘文中頻繁出現。
· 王室守護者：如里姆-辛一世（Rim-Sîn I）銘文所示，具有賦予國王力量的功能。
· 女戰士形象：特別體現在與惡魔塞貝圖（Sebettu）的戰鬥傳說中
· 次要屬性：包括象徵母性的「新月」、治癒疾病、助產，以及代表戰爭力量的「乘坐獅子」形象。

二、中亞時期的演變（約公元前2世紀至公元9世紀）

隨著信仰傳播至巴克特里亞、索格底亞和花剌子模（Khwarezm）地區，納奈亞保留核心屬性並發展出新特徵：

屬性延續：

· 在索格底亞語稱nny，希臘-巴克特里亞語稱Navata，巴克特里亞語稱Nava。
· 保持「母神」、「愛情與生育」、「王室守護者」和「女戰士」等基本屬性。
· 保留「新月」和「乘坐獅子」等象徵，如貴霜錢幣上常見納奈亞伴隨獅子或持獅頭權杖的形象。

新增特徵：

· 多臂形象：貴霜時期（約公元1-4世紀）首次出現四臂造型，強化戰士形象。
· 索格底亞Jartepa II神殿壁畫（約4-5世紀）描繪納奈亞坐於獅形寶座，展現四臂造型。

三、南亞時期的融合（約公元前2世紀至公元7世紀）

納奈亞屬性逐漸融入佛教女神烏瑪（Hārīti）及印度教女神杜爾迦：

屬性轉化：

· 母神特質：佛教中的烏瑪表現爲「兒童保護者」與「夜叉之母」，如犍陀羅（Gandhara）佛教遺址（約1-4世紀）的雕像所示。

· 愛情與生育：烏瑪作爲瑪赫什瓦拉（Mahe vara）配偶，延續保護家庭與分娩的功能。

· 女戰士形象：納奈亞的「乘坐獅子」轉化爲杜爾迦的「騎乘老虎」，成爲標誌性特徵。

· 多臂造型：貴霜時期的四臂形象直接影響杜爾迦標準造型，後於《德維瑪哈特米亞姆》（Devī Māhātmya）經典中確立。

納奈亞從美索不達米亞到中亞及南亞的演變，是一個跨文化宗教傳播的典型案例。她的核心屬性——「母親女神」、「愛情與生育」、「皇室保護者」和「女戰士」——在美索不達米亞的文本與圖像中確立，通過中亞的巴克特里亞和索格底亞傳播，新增「四臂或多臂」特徵，最終融入南亞的烏瑪和杜爾迦形象。杜爾迦的標誌性特徵——「坐在虎上」和「四臂或多臂」——可追溯至納奈亞的「坐在獅子上」及庫沙娜時期的四臂形象。這些證據通過文本、考古發現和圖像分析，清楚證明納奈亞崇拜如何跨越4000年，塑造了印度教杜爾迦的形象，體現了古代世界系統中的宗教連續性與變革。[19]

四臂或多臂形象女神。左：杜爾迦，右：娜娜。

西王母與中亞女神

回看華夏女神。從上文的脈絡，我們可了解西王母與雪山女神巴丁喇木、印度雪山女神帕爾瓦蒂(以及其化身杜爾迦)的對應關係。可能有人覺得線索藏得比較深，然而，四川三星堆出土的文物卻告訴我們，這些神話之間有著非常強烈的基因密碼。

三星堆出土的青銅人物雕像、青銅神樹和黃金面罩，不僅在古代巴蜀地區，甚至在夏商時期的整個中國範圍內，都是前所未見、前所未聞的。無論是文獻記載還是考古資料，都找不到這些文化元素的來源，也完全沒有它們演變的任何線索。這顯然表明，這些文物借鑒了中國以外某個文明地區的文化形式，並根據蜀人自身的某些需求製作而成。

至於青銅神樹，其起源也與美索不達米亞地區有關。烏爾王陵出土的黃金神樹上，裝飾有帶翅的山羊。安娜托利亞地區發現的公元前

2200年神樹，上面同樣雕刻了各種人物和動物。埃及古王國的浮雕上，繪有滿載奇珍異果及飛禽走獸的神樹圖案。愛琴海文明時期的克里特人則將神聖的樹、樹枝和鳥視爲女神的象徵，克諾索斯壁畫對此有生動描繪。特別有趣的是，在深受近東藝術影響的印度古代文明紀念性雕塑中，也有多件反映神樹的作品，其中藥師女與神樹結合的雕塑是這類作品的典型代表。[20]

三星堆青銅神樹（左）與美索不達米亞女神樂園（右，喀西特王朝時印章）比較。二者均有有神樹，樹上有鳥，樹下有鳥面獸身的異獸。

中國與巴比倫之交通

讀到這裡，或許有人會好奇：華夏文明究竟是通過什麼途徑與蘇美、巴比倫等文明建立聯繫的？

日本學者長澤和俊（Nagazawa Kazutoshi）指出：「從中國殷商時期到六朝的古墓中，發現了許多玉器。這些玉器的產地可以確認來自新疆和闐（Khotan）。很難想像古代中國會如此大量進口玉器。因此，有人將絲綢之路稱爲玉石之路。」

新疆的玉石不僅運往中原地區，還遠銷到西亞、北亞和中東。研究中亞的學者認爲，在巴比倫、敍利亞的歷史遺址中發現的玉器，以及中亞乃至歐洲各地出土的玉器，所用的玉石大多來自和闐。

從公元前5000年前開始，崑崙山下的先民就開闢了一條玉石之路，向東直達中原，向西通往蘇美和巴比倫，向北連繫烏拉爾山（Ural Mountains）。

歷史文獻和考古發現證實，中國從商代開始廣泛使用玉石，這與西伯利亞烏拉爾河沿岸流行玉石的時間一致。白玉西傳的證據在賽伊瑪時期（Sayma Period）得到充分確認，當時伏爾加河、卡馬河沿岸、西伯利亞、貝加爾湖沿岸與中國北部之間存在聯繫，這種聯繫正是以玉石爲媒介。

文獻記載和考古發現相互印證，顯示張騫通西域後不久，羅馬帝國首都羅馬（Rome）就出現了中國絲綢。[21]

阿斯塔蒂（Astarte）的中介角色

由華夏神話到印度印話，再牽扯到中亞神話，這個女神傳播脈絡逐漸清晰。但我們的女神解碼仍未完結。在〈上古英雄密碼〉一文中，筆者發現羿與海克力斯的事跡有大量重疊之處。那麼，西王母又能否與希臘的女神找到對應？

這就得從一位女神——阿斯塔蒂（Astarte）說起。

腓尼基女神阿斯塔蒂，又稱阿什托瑞斯（Ashtoreth），其實是迦南女神亞斯他錄（Ashtoreth）以及美索不達米亞女神伊南娜或伊絲塔的另一種形式。她的領域涵蓋愛情、美麗、戰爭和政治權力，與其他同源女神大體一致。她的崇拜後來傳播到附近的塞浦路斯島。

阿斯塔蒂是迦南和腓尼基人崇拜的愛情、性愛、戰爭和狩獵女神，常與風暴之神巴力（Baal）聯繫在一起。她的故事多半圍繞她的狩獵本領以及與巴力和衆神的關係展開。她的名字源自迦南語「阿薩特」（Athart）和腓尼基語「阿什塔特」（Ashtart），而這些名字又來自阿卡德語「阿斯達圖」（Asdartu），指向伊絲塔女神。

阿斯塔蒂最早出現在西元前14世紀中葉至13世紀末的烏加里特古城（今敘利亞拉斯沙姆拉）的文獻中，主要見於《巴力之環》和《埃爾的飲酒會》。《巴力之環》不是單一故事，而是一系列關於巴力與海神亞姆爭戰、戰勝死亡並成爲衆神之王的故事集。在這些故事中，死亡之神莫特（Mot）挑戰巴力，將他吞噬（其實巴力躲了起來，派了替身）。巴力是生育之神，他的缺席導致乾旱和饑荒。阿斯塔蒂作爲巴力的配偶，本應爲他復仇，但最終是巴力的妹妹阿娜特（Anat）殺死了莫特，將他碎屍並撒遍大地。之後，巴力重現，重新掌權，制服了復活的莫特，故事至此結束。

阿斯塔特

阿斯塔蒂在黎凡特及其他地區備受尊崇，但在《聖經》中，她被稱爲亞斯他錄，是巴力的配偶，被耶和華的先知在《列王紀上》、《列王紀下》和《耶利米書》等書中斥爲假神。她還被稱爲「天后」，這稱號繼承自伊南娜／伊絲塔。到了中世紀，阿斯塔蒂與巴力被基督教與魔鬼聯繫起來，在中世紀惡魔學著作中，她被改編爲男性惡魔阿斯塔羅斯，與別西卜（源自巴力）和路西法組成邪惡三位一體。[22]

阿斯塔蒂與阿芙蘿黛蒂

好了，了解完阿斯塔蒂的身世，我們再看看她和其他地區女神的關係。

希臘人和羅馬人常將外來神靈與自己的神靈連繫起來，遇到相似的外來神靈時，就用自己的名稱來稱呼。阿斯塔蒂被認爲影響了希臘女神阿芙羅黛蒂（Aphrodite），也就是羅馬女神維納斯（Venus）。

阿芙羅黛蒂

阿斯塔蒂和阿芙羅黛蒂都是愛與美的女神，兩者可能因文化交流而相互影響。她們都代表愛情與美麗，阿斯塔蒂是迦南和腓尼基的愛、性愛女神，而阿芙羅黛蒂是希臘神話中的愛與美之神。

兩位女神都與生育和性愛有關。阿斯塔蒂的崇拜可能包括生育儀式，而阿芙羅黛蒂則是希臘愛情與生育的象徵。

阿芙羅黛蒂是希臘神話中的奧林匹斯十二主神之一，掌管愛、美、慾望和生育。她的崇拜受到近東地區的影響，尤其是腓尼基的阿斯塔蒂和美索不達米亞的伊南娜／伊絲塔。研究顯示，阿芙羅黛蒂的崇拜可能起源於塞浦路斯，特別是通過與腓尼基文化的交流，這反映了公元前8世紀的東方化時期。

證據顯示，阿芙羅黛蒂的崇拜受到阿斯塔蒂的影響，尤其是在塞浦路斯和腓尼基地區。她們分別來自迦南/腓尼基文化和希臘文化，但有許多相似之處。

特質與角色

阿斯塔蒂和阿芙羅黛蒂在愛與美方面的角色非常相似。阿斯塔蒂是愛、性、戰爭和生育的女神，象徵物包括鴿子、獅子和星星（代表金星），常被描繪爲裸體女性。阿芙羅黛蒂的象徵物包括鴿子、天鵝、玫瑰和海貝，常被塑造成美麗的女性，身邊伴隨著愛神厄洛斯（Eros）。她與性愛、婚姻和航海有關，在斯巴達等地還被視爲戰士的保護者。

阿斯塔蒂最初是戰爭女神，而阿芙羅黛蒂在某些地區（如斯巴達）也有保護戰士的角色。不過，兩者在戰爭與愛的平衡上有所不同。阿斯塔蒂的戰爭角色在早期崇拜中更爲突出，特別與狩獵和戰車有關。根據《世界歷史百科》（World History Encyclopedia），她在埃及被視爲戰神賽特（Set）的配偶和戰爭女神。阿芙羅黛蒂的戰爭角色相對次要，但在特洛伊戰爭中，她支持帕里斯（Paris）和埃涅阿斯（Aeneas），顯示出一定的戰爭影響。

	阿斯塔蒂	阿芙羅黛蒂
起源	迦南/腓尼基，近東影響	希臘，受到阿斯塔特影響
主要角色	愛、性、戰爭、生育	愛、美、慾望、生育
戰爭角色	突出 與狩獵和戰車有關	次要 但在斯巴達有戰士保護者角色
象徵物	鴿子、獅子、 星星（金星）	鴿子、天鵝、玫瑰、海貝
崇拜範圍	利凡特、埃及、 地中海殖民地	希臘、羅馬（作為 Venus）

埃及女神伊西絲

神話學者大多贊同阿芙羅黛蒂受到阿斯塔蒂所影響。另一方面，阿芙羅黛蒂似乎又與埃及女神伊西絲有千絲萬縷的關係。我們先認識一下這位地位崇高的女神。

伊西絲(Isis)常被描繪爲頭戴哈索爾(Hathor)的頭飾：牛角間夾著一個太陽圓盤。她與她的兄弟姐妹——奧西里斯(Osiris)、塞特(Set)和奈芙蒂斯(Nephthys)——是九柱神的最後一代，由地神蓋布(Geb)和天空女神努特(Nut)所生。

早在最早的金字塔文本中，伊西絲就被視爲荷魯斯(Horus)的母親。她可能是在古王國時期，隨著奧西里斯神話的形成，才成爲荷魯斯的母親。伊西絲既是奧西里斯的妹妹，也是他的妻子。她將被塞特大卸八塊的奧西里斯遺體收集起來，用咒語讓他以來世之王的身分復活。因此，人們相信伊西絲掌管死者在來世的復活，並守護死者(木乃伊)。

在古埃及藝術中，伊西絲通常被塑造成典型女神的形象：身穿緊身連身裙，一手持紙莎草杖，另一手持生命之符（Ankh）。她原本的頭飾是代表她名字的王座標誌。她常與奈芙蒂斯一起出現，特別是在哀悼奧西里斯的死亡、支持他登上王位或保護死者石棺時。在這些場景中，她們常以手臂摀臉表示哀悼，或伸出手臂環繞奧西里斯或死者，象徵保護。她們也常被描繪成鳶（kite），或是長著鳶翼的女性。

伊西絲（右）

伊西絲最早在埃及受到崇拜。根據希臘歷史學家希羅多德（Herodotus）在公元前五世紀的記載，伊西絲是唯一一位被全埃及人共同崇拜的女神，影響力極廣，甚至與希臘女神得墨忒耳（Demeter）融爲一體。直到亞歷山大大帝征服埃及，以及托勒密一世開啟埃及文化的希臘化時期後，她才最終被稱爲「天后」。

拉神的秘密名字

伊西絲野心勃勃，渴望在天上和地上擁有與拉神（Ra）一樣的權力，但她缺乏拉神秘密名字所蘊含的法力，始終無法超越拉神。

她偷偷撿起地上沾有拉神唾液的塵土，趁無人注意，將塵土藏進衣袋帶回家中。伊西絲施展魔法，將這些塵土塑造成一根鋒利的長矛，又將長矛變成一條兇猛的毒蛇。她將毒蛇丟在拉神經常經過的路上。當年老的拉神路過時，伊西絲藏在路邊草叢中，念動咒語，驅使隱藏的毒蛇突然襲擊，咬了拉神一口。毒液迅速在拉神體內擴散。

伊西絲假意前去探望。此時，拉神飽受毒液折磨，痛苦不堪，如同烈焰焚身，終於忍受不住，將秘密名字傳給了伊西絲。伊西絲隨即念咒，驅除拉神體內的劇毒。獲得秘密名字後，伊西絲的法力大幅增強，從此與拉神平起平坐，成爲衆神的女主宰。[23]

在這裡，我們不妨比較一下伊西絲和伊南娜的事跡。伊西絲被稱爲「天后」，伊南娜亦是「天之女王」。伊西絲使毒計騙取拉神的秘密名字，伊南娜亦使計騙取恩基的宇宙之書。如果讀者有耐性順著看，從本文提出的線索一路追索至此，相信不會覺得兩者是巧合。

航海保護神

一篇論文探討了撒丁島在迦太基與羅馬統治過渡時期（公元前3世紀至羅馬帝國早期）的宗教文化變遷，特別聚焦於與航海、貿易及農業-生育相關的女神崇拜。伊西絲和阿芙羅黛蒂／維納斯常被視爲航海保護神，擁有如「Pelagia」（海上之神）、「Euploia」（航行保護者）或「Pharia」（港口引導者）等稱號。

通過考古發現，如供奉物、銘文和聖所，研究分析了這些女神崇拜在撒丁島的傳播、融合與延續，尤其是在沿海城市諾拉（Nora）、卡拉利斯（Karales，今卡莉亞里）和奧爾比亞（Olbia）。

撒丁島的宗教實踐展現了腓尼基-迦太基、羅馬-義大利及東方（特別是伊西絲崇拜）文化的交融，這些文化在沿海城市諾拉、卡拉利斯和奧爾比亞形成了一道獨特的宗教風景線。這種融合不僅體現在女神崇拜的形式與圖像上，還反映在供奉物、聖所結構及宗教儀式中，展現了地中海地區跨文化的宗教共性與活躍的互動。

伊西絲作爲埃及女神，與航海、救贖和母性密切相關。她的崇拜在羅馬時期通過地中海貿易網絡傳播到撒丁島。伊西絲的形象常與阿芙羅黛蒂的Anadyomene（出水女神）形式融合，顯示兩者在航海保護和女性神聖特質上的相似之處。

例證：

- 在諾拉（Nora）前軍事區的供奉場所，出土的陶土雕像中，女性形象常呈現Anadyomene形式（雙手舉向頭部，披著貝殼形面紗）。這種圖像學傳統源於希臘化時期的阿芙羅黛蒂，但也與伊西絲的形象相重疊。例如，部分雕像與龐貝（Pompeii）的壁畫相似，後者描繪伊西絲迎接擬人化的尼羅河（Nile）或伊俄（Io），反映了埃及與希臘-羅馬文化的融合。
- 在奧爾比亞（Olbia），發現一尊公元1至2世紀的伊西絲-福爾圖娜（Isis-Fortuna）青銅雕像，與私人祭壇或神廟相關，顯示伊西絲作爲「Soteira」（救贖者）的角色，與航海保護有關（Pietra 2013）。同時，奧爾比亞出土的阿芙羅黛蒂陶土雕像（手持鴿子）與伊西絲相關的供奉物（如奧西里斯雕像）共存，表明兩者崇拜的交融（D’Oriano 2004）。

· 諾拉出土的火盆(Hellenistic braziers)上刻有鱷魚、河馬、狗和豺狼等尼羅河動物圖案，顯示埃及文化的顯著影響，這些元素與伊西絲崇拜的尼羅河背景直接相關。

伊西絲與阿芙羅黛蒂的融合體現了地中海文化的「共同語言」，即不同文化通過共享的圖像和宗教功能相互影響。這種融合在航海者和商人的宗教實踐中尤其明顯，他們將伊西絲和阿芙羅黛蒂視爲海上保護的共同象徵。

撒丁島的宗教融合並非外來文化簡單覆蓋本地，而是腓尼基-迦太基傳統與羅馬及東方文化的相互作用，形成了獨特的在地化宗教實踐。

例證：

· 在諾拉的Tanit Hill和Coltellazzo，露天聖所可能延續了腓尼基時期的阿斯塔蒂(Astarte)崇拜，後改爲阿芙羅黛蒂/維納斯(Venus)或伊西絲的聖所，顯示宗教場所的連續性(Grottanelli 1981; Melchiorri 2012)。
· 卡拉利斯(Karales)的Capo Sant'Elia聖所在羅馬時期可能從阿斯塔蒂轉爲維納斯·埃里西娜(Venus Erycina)的崇拜，後又被基督教教堂取代，展現宗教場所的多層次轉型(Ibba et alii 2017)。
· 諾拉前軍事區的供奉場所(房間A)出土的供奉物顯示，這些崇拜活動可能由小型信徒團體(而非公共神廟)進行，反映了私人宗教實踐的在地化特徵(Carboni/Cruccas 2017)。

這種在地化過程使外來宗教元素適應本地需求，同時保留了腓尼基-迦太基文化的核心特徵，形成了撒丁島獨特的宗教景觀。[24]

有趣的是，約西元二世紀，羅馬人盧修斯．阿普列烏斯(Lucius Apuleius)的拉丁文小說《金驢記》(the Golden Ass)便說：「盧修斯，我應你的懇求而來：我，宇宙之母，萬物之主，萬古長子，諸神之首，陰魂之後，天庭之首，集諸神於一身。我的意志掌控著閃耀的天堂之巔，帶來健康的海風，以及地獄的沉寂；全世界以千姿百態、各種儀式和各種名稱崇拜著我唯一的神性。......塞浦路斯島民稱我爲帕菲亞的維納斯......那些被太陽照耀著的人和那些被太陽照耀著的人，以及精通古代學問的埃及人，都以眞正屬於我的崇拜來尊敬我，並用我的眞名稱呼我：伊西絲女王。」

其中明確表明：「塞浦路斯島民稱我爲帕菲亞的維納斯」(the island-dwelling Cypriots Paphian Venus) 以及「精通古代學問的埃及人，都以眞正屬於我的崇拜來尊敬我，並用我的眞名稱呼我：伊西絲女王。」(the Egyptians who excel in ancient learning, honour me with the worship which is truly mine and call me by my true name: Queen Isis.)

足證在西元二世紀，羅馬人基本上視維納斯和伊西絲是同一女神。

阿斯塔蒂、阿芙羅黛蒂與伊西絲

如前所述，腓尼基人崇拜的阿斯塔蒂與希臘神話中的阿芙羅黛蒂之間存在微妙的聯繫。更令人意外的是，她們與伊西絲也有著不同尋常的關係。

愛與美的女神阿芙羅黛蒂絕非只是美麗的象徵。這位女神初登場於希臘神話時，並非手捧鮮花，而是握著利劍。她最初是賽普勒斯島的守護女神和女戰神。腓尼基商船從亞西亞渡海而來，將阿斯塔蒂的傳說帶到賽普勒斯，隨後才傳入希臘本土。阿芙羅黛蒂的海洋屬性後來也體現在她從海中泡沫中誕生的傳說中。

隨著時間推移，在希臘神話中，阿斯塔蒂逐漸轉化爲掌管海洋和豐收的女神阿芙羅黛蒂，後來進一步演變爲專司愛情與情感的女神。同時，埃及人通過比布魯斯（Byblos）認識了阿斯塔蒂，將她的形象與阿娜特（Anat）融合後引入埃及，與本土神靈嗜血的塞赫麥特（Sekhmet）和溫柔的伊西絲相結合。

腓尼基人塑造的阿斯塔蒂雕像常以裸體形象出現，象徵生育、性愛和戰爭。她的標誌包括獅子、馬、獅身人面像、鴿子，以及一顆位於圓圈內的金星。在腓尼基神話中，阿斯塔蒂的戰士特質逐漸淡化，轉而被賦予更多引發欲望與愉悅的能力，逐步向愛神的角色靠攏。[24]

另一位和伊南娜關係密切的埃及女神——奎特什

大英博物館所藏，首席工匠Qeh的石灰石石碑上部。裸體女神被認定爲「天國女神」。她究竟是奎特什還是伊南娜／伊絲塔／阿斯塔蒂？

埃及女神奎特什（Qetesh）是一位性愛愉悅的女神，由閃米特人傳入，經常被描繪成站在獅子身上。她的聖獸是獅子和蛇。伊絲塔總是被描繪成坐在或站在一隻手持蛇的獅子身上。對比之下，奎特什亦令人懷疑她就是埃及版的伊南娜／伊絲塔／阿斯塔蒂。

她的名字Qd (-t)的意思就是「神聖」。奎特什之名未出現在迦南或烏加里特文獻或銘文中。相反，她只在埃及以有名有姓的女神出現。她被尊崇爲「天之女神」和「衆神之主」等典型稱號。

西王母與衆女神

來到此處不妨總結：從西王母到巴丁喇木、從巴丁喇木到帕爾瓦蒂／杜爾迦、從杜爾迦到伊南娜／伊絲塔、從伊南娜到娜娜／納奈亞、從伊南娜到阿斯塔蒂、從阿斯塔蒂到阿芙羅黛蒂、從阿斯塔蒂、阿芙羅黛蒂到伊西絲、從伊南娜到Qetesh，均出現或明或暗的曲折關係。

例如，以西王母爲例，她與衆多女神同擁有獅／虎坐騎、與杜爾迦同屬山中穴居、與納奈亞同屬月神、與阿芙羅黛蒂同樣有兔子相伴；以阿斯塔蒂爲例，她與阿芙羅黛蒂同樣是愛和生育之神、象徵物是鴿子；以伊西絲爲例，她與伊南娜同是天后，同樣使計向至高神奪取能力......她們的關係，堪稱千絲萬縷，剪不斷理還亂。

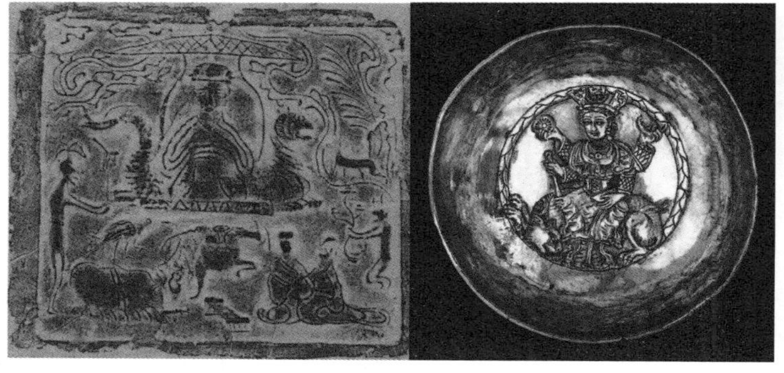

西王母(左)與娜娜女神(右)，兩者均坐在老虎上。

西王母（左）與杜爾迦（右），留意其頭冠（戴勝？）

伊南娜（左）與奎特什（右），兩者均站在獅子上。

西王母(左)與伊西絲(右)，兩者均罕有出現人首蛇足形象。

女神比較圖

本文最後，容筆者作一個更大膽的聯想。西王母所居之「崑崙」，古作昆侖。

昆字金文 ：(日，太阳)+(比，在一起的人們，意思是人們在太陽底下一起肩並肩從事勞動。

侖字甲骨文 ：由「亼」、「冊」二字構成。從亼，本義爲屋脊。

從文字本義來看，昆侖的意思是「人們在太陽底下勞動製造屋脊」，莫非意味「昆侖」山是人造的？我放飛思維，依賴直覺，倒覺得「侖」字的上半部倒像「金字塔」，只是不知道下半部何所指。直到近年一項關於埃及金字塔的新研究進入我的眼裡……

一組意大利研究人員聲稱，他們在埃及吉薩金字塔群的哈夫拉金字塔下方發現了一個巨大的垂直豎井，被「螺旋樓梯」包裹著，還有一個巨大的石灰岩平台，平台上包含兩個巨型房間，其下降通道形似管道。(註26)

且看研究小組發佈的圖片：

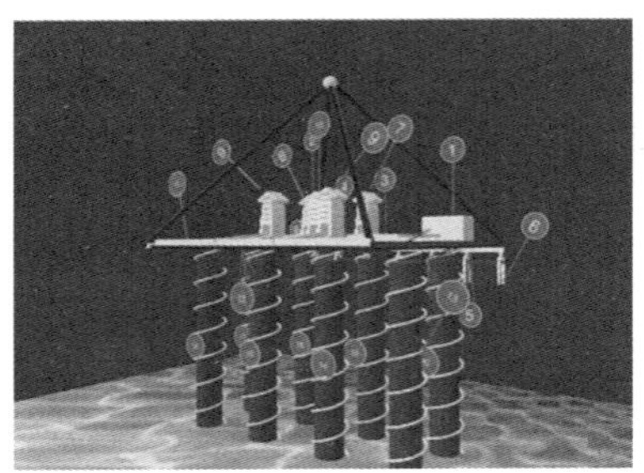

研究人員爲金字塔下方的螺旋通道豎井創建的 3D 模型

豈不是與「侖」字極爲相似？莫非「昆侖」指的其實是金字塔？

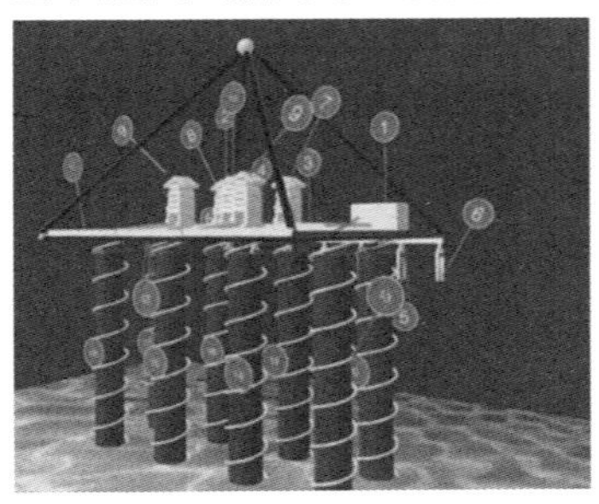

當然如此附會，連筆者自己也覺得流於狂想了。然而，線索不斷出現在面前，下一篇本人會提供更多有意思的佐證。

註1：西漢劉安《淮南子‧覽冥訓》：「羿請不死之藥於西王母，嫦娥竊以奔月，悵然有喪，無以續之。」《擇史》卷十三引東漢張衡《靈憲》擴而充之：「嫦娥，羿妻也，竊西王母不死之藥服之，奔月將往，……嫦娥遂托身於月，是爲蟾蜍。」

註2：此段意思見丁孝明，《西王母淵源辨證》，《正修學報》第二十二期，2009

註3：意思出自叶舒宪，《祖靈在天：玉人像與柄形器的故事五千年》。上海人民出版社，2021年。

註4：同上。

註5：王孝廉撰：〈西王母與周穆王〉引《禮記》〈祭儀篇〉，見李亦園，王秋桂主編：《中國神話與傳說學術研討會》，臺北：漢學研究中心，1996

註6:《穆天子傳》：「癸亥，至于西王母之邦。吉日甲子，天子賓于西王母。乃執白圭玄璧以見西王母，獻錦組百純，□組三百純，西王母再拜受之。乙丑，天子觴西王母於瑤池之上，西王母爲天子謠曰：『白雲在天，山陵自出。道里悠遠，山川間之。將子無死，尙能復來。』天子答之曰：『予歸東土，和治諸夏。萬民平均，吾顧見汝。比及三年，將復而野。』西王母再爲天子吟曰：『徂彼西土，爰居其所。虎豹爲群，烏鵲與處。嘉命不遷，我惟帝女。彼何世民，又將去子。吹笙鼓簧，中心翱翔。世民之子，唯天之望。』天子遂驅升於弇山。乃紀其跡於弇山之石，而樹之槐，眉曰『西王母之山』。」

註7：丁孝明，《西王母淵源辨證》，正修學報第二十二期，2009

註8：莊裕周、陳朗榮，《論西王母形象之轉變》，2009。輯於《神話與文學論文選輯 2008-2009》。檢自: http://commons.ln.edu.hk/chin_proj_4/4

註9：郭大烈，《國內納西族研究述評》，原載《雲南社會科學》1983年5期、《新華文摘》1983年12期。

註10：楊學政，《原始宗教論》，雲南人民出版社，1991年

註11：出自詹杜固仁波切（Tsem Rinpoche），https://www.tsemrinpoche.com/tsem-tulku-rinpoche/buddhas-dharma/palden-lhamo.html

註12：George FitzHerbert, “Constitutional Mythologies and Entangled Cultures in the Tibeto-Mongolian Gesar Epic: The Motif of Gesar 's Celestial Descent”, Journal of American Folklore, Volume 129, Number 513, Summer 2016, pp. 297-326(Article)

註13：見格薩爾研究院副院長崗．堅贊才讓的文章《略論〈格薩爾〉中仙女貢曼傑姆》（《中國藏學》藏文版，2000年第4期）及《《格薩爾》中授記神貢曼傑姆與西王母》

註14：朱大可，《華夏上古神系》，東方出版社，2014

註15：黛安娜．艾克(Diana L. Eck)，《朝聖者的印度：由虔信者足跡交織而成的神聖大地》，馬可孛羅文化，2022

註16：伊南娜下冥界故事見Charles Penglase 著，梁宇彬、王春妮、孟楠 譯，張旭校，《伊南娜女神的神話》，西安外國語大學神話學研究小組。本文經過改寫。

註17：拱玉書，《日出東方——蘇美文明尋夢》，世潮出版有限公司，2002

註18：楊巨平，《娜娜女神的傳播與演變》，《世界历史》2010年第5期，2021

註19：Andrew Schumann, Vladimir Sazonov, "The Long Path of Nanāia from Mesopotamia to Central and South Asia", Article in Studia Antiqua et Archaeologica · January 2022

註20：段渝，《發現三星堆》，香港中和出版社有限公司，2023

註21：畢然著，《樓蘭密碼》，花城出版社，2011

註22："WORLD HISTORY ENCYCLOPEDIA", https://www.worldhistory.org/astarte/

註23：黃晨淳，《埃及神話故事[修訂新版]》，好讀出版有限公司，2018

註24：Romina Carboni, "Between Astarte, Isis and Aphrodite/Venus. Cultural Dynamics in the Coastal Cities of Sardinia in the Roman Age: The Case Study of Nora",In book: Naming and Mapping the Gods in the Ancient Mediterranean (pp.561-576),2022

註25：龔深，《腓尼基神話　影響希臘與羅馬神話，地中海紫紅之國的神秘傳說》，漫者文化事業股份有限公司，2022

註26：見研究團隊的發佈會"GIZA The Pyramids and the Temporal Gateway"：https://www.youtube.com/watch?v=xDpdJFlLpRE

女神的聖獸

在〈女神的奧秘〉一文中，筆者剖析了眾多女神都擁有聖獸坐騎，包括崑崙女神西王母、少數民族女神巴丁喇木、藏族女神班丹拉姆、印度女神帕爾瓦蒂／杜爾迦、蘇美及巴比倫女神伊南娜／伊絲塔／娜娜／納奈亞、埃及女神奎特什，莫不有獅子或老虎伴隨，就連獅／虎屬性較淡的阿斯塔蒂、阿芙羅黛蒂和伊西絲，亦有爲數不多的殘存文物可見她們與獅／虎相伴。至此我想問一個問題：這些獅子或老虎有什麼象徵意義，箇中有沒有隱藏一些密碼？

阿芙羅黛蒂騎獅和厄洛斯的紀念章。希臘藝術品，西元前3世紀。來自敍利亞阿姆利特。(左)
埃及女神伊西絲端坐於獅子寶座（或爲斯芬克斯）之上，手持權杖。(右)

關於西王母的老虎侍從，文獻資料不多（但她的家「崑崙山」卻有虎獸守衛，容後再述）；然而對信仰巴丁喇木女神的藏族、普米族和摩梭人等民族來說，老虎便有著非凡意義。

虎的傳人

新石器時代的良渚文化中，玉琮上出現獸面玉器，與殷商青銅器上的獸面圖案相似，都象徵「白虎」。至今，中國許多少數民族，如彝族、白族、布依族、土家族等，仍保留虎圖騰崇拜，信奉老虎或白虎。這種崇拜在藏緬語族群中尤爲常見。

彝族：彝族自認爲虎的後裔，彝語中虎稱「羅」，雄虎叫「頗」，雌虎叫「摩」。雲南哀牢山的彝人因此自稱「羅羅」，「哀牢」意爲「大虎」。此外，以虎命名的部落和地點非常多。哀牢山彝族使用十二獸曆法，以虎爲首，與漢族以鼠爲首的十二生肖不同。彝人用虎皮包裹遺體進行火葬，認爲人死後會化爲虎。他們還會製作石虎陪葬，代表彝族人生爲虎族，死後亦爲虎。

納西族：納西族又稱摩梭，崇拜虎並自認爲虎的後裔，相信人類源於虎。在東巴經的創世史詩《崇搬圖》中，納西祖先崇忍利恩是虎形人，娶天女的傳說展現了虎的重要性。納西人稱其首領爲「喇他司沛」，意爲虎王。

傈僳族：傈僳族有九種動物圖騰，其中虎氏族傳說源於古代。一位女子上山打柴，與化爲美男子的猛虎結婚，生下的後代稱爲「腊扒」，意爲虎氏族。虎氏族人禁止獵虎，每逢虎年，全族向木雕虎圖騰舉行祭祀。

土家族：土家族是古代巴人的後裔。鄂西清江一帶的土家人流傳「廩君傳說」，講述巴人祖先務相的後代廩君被推爲五姓部落首領，死後化爲白虎升天。白虎因此成爲土家族的祖先神。傳說白虎需飲人血，土家人祭祖時會以人爲犧牲。

白族：白族以白虎爲圖騰，關於始祖有兩種傳說。一說洪水時代，兄妹婚配，其幼女與虎結合，生下白族祖先；另一說，一女子夢中與虎相交，生子以虎爲姓，名羅尙才（白族稱虎爲「羅」）。羅尙才成年後化爲白虎神，其後代爲白族人。

珞巴族：珞巴族崩尼部落有《尼英姊妹尋配偶》傳說。遠古時，尼英、尼略姊妹住在女子村，尼英遇見常送肉的老虎，與之結爲夫妻。珞巴人認爲虎皮、虎牙有神秘力量，巫師用虎皮作神具，佩戴虎牙以驅邪護身。

怒族：怒族中的虎氏族相傳始於天上群蜂化成的女子茂英充。茂英充與虎、蜂、蛇等婚配，其後代分別成爲虎氏族、蜂氏族等。虎氏族視虎爲保護神，遵循不獵虎的禁忌，相信「虎不食虎族人」的傳說。

藏族：四川涼山藏族自治縣的藏人視虎爲祖先。但對大多數藏族而言，猴子、牦牛、狗、羊和岩魔女等動物神話更具族源意義，虎可能非原生圖騰。藏人和納西人崇拜黑虎，普米人則崇拜白虎。

語言學資料顯示，這些民族對虎的稱呼似有共同起源，來自「la」或「k-la」，可能代表虎圖騰傳播的中心。[1]

簡言之，漢族自認是「龍的傳人」，而這些少數民族多視虎爲祖先，堪稱爲「虎的傳人」。

獅子的神聖意義

談完虎，我們再來看看獅子。

獅子在希臘藝術與建築中有重要地位，例如邁錫尼的獅門，兩隻獅子守護一根象徵神靈的柱子，代表保護與威嚴。這一形象突顯獅子在神聖場所的角色，體現其作爲權威和神聖力量的象徵。

歷史記載顯示，羅馬人從北非和希臘引進獅子，用於角鬥士比賽，展現獅子作爲力量與支配的象徵。雖然這些活動多爲娛樂或政治展示，但在皇室與帝國場合中（如作爲外交禮物），獅子同樣具有象徵意義。[2]

其他古代歐洲文化也有相關記載。例如，上古石器時代的德國發現半人半獅雕像（Löwenmensch），約35,000至40,000年前，可能用於特定儀式，顯示獅子在早期歐洲宗教中的潛在角色（Lion Depiction Across Ancient & Modern Religions）。[3]

在波斯，獅子是王權的標誌。波斯帝國視獅子爲君主權威的核心符號。國王坐在「金獅子座」上（如《隋書·西域傳》記載波斯王「坐獅子床」）（註4），頭戴獅紋王冠，獅鬃象徵統治力量。卡扎爾王朝（18至20世紀）以「太陽+獅子」圖案作爲國徽，代表君權神授。

伊朗獅（亞洲獅亞種）被視爲神聖的吉祥獸。設拉子伊蘭宮的彩瓷獅像手持彎刀守護王冠，展現其兼具武力護衛與賜福的神性。在古波斯拜火教中，獅子與光明神密特拉相關，象徵正義戰勝黑暗。

學者指出，獅子在中亞常被視爲王權的象徵。根據文獻特別是正史記載，乘坐獅子王座的多爲西域地區的君主或國王。這顯示獅子王座在傳播過程中，被統治者借鑒，轉化爲權力的象徵。例如，阿夫拉西亚卜博物館中的拂呼缦所坐的座椅，就是由獅子與座椅組成的獅子王座。

西域的獅子王座分佈範圍廣，流行時間長。考古資料顯示，早在1世紀，獅子王座造型的佛坐像雕塑已出現。到了5世紀，獅子王座出現在阿富汗的石窟壁畫中，直到8世紀在撒馬爾罕、片治肯特古城等地的壁畫中仍有蹤跡，流行至少延續約三世紀。這個時間與漢文史書記載相符，大約對應中國的魏晉南北朝至隋唐時期。

獅子王座作爲世俗王權的尊貴象徵，也被吐谷渾統治者採用，因此《北史·吐谷渾傳》有相關記載。雖然目前尙未發現吐谷渾時期的獅子王座考古文物，但在西藏芒康及青海玉树的佛教摩崖造像石刻中，已發現吐蕃時期的獅子王座圖像。這表明獅子王座並未因吐谷渾的消亡而消失，而是隨著佛教在西藏、青海等地的傳播，被統治者吸收並進一步發展。

有趣的是，除了西藏、青海，隨著佛教傳入中國，獅子王座也沿著絲綢之路傳入中國。因此，獅子形象的生靈座頻繁出現在中國的佛教石窟及其他相關考古文物圖像中。[4]

獅、虎互換的關鍵地

綜合上述資料，「獅」和「虎」的共同象徵意義，爲一種來自神明的權柄和力量。概述了獅／虎對歐洲、中亞、東方的涵義後，筆者在此提出一個疑問：獅是獅，虎是虎，爲何混爲一談？關鍵點在於古代的「交界」地區，例如印度，「獅」和「虎」時常有互換的現象。

印度史詩《摩訶婆羅多》提到動物紀年，但未詳細列出。（法國東方學家Sylvain Lévi在《印度與世界》（L'Inde et le Monde, 1926）中認爲，印度生肖系統受佛教星宿占卜（如《宿曜經》）影響，獅子象徵佛陀，金翅鳥爲毗濕奴的坐騎。

印度十二生肖的名稱與順序爲：鼠、牛、獅、兔、那伽（龍）、摩睺羅伽（蛇）、馬、羊、猴、金翅鳥、狗、豬。與中國不同，中國有「虎」無「獅」，印度則有「獅」無「虎」。根據印度神話《阿娑縛紗》，十二生肖動物原是十二神的坐騎，分別爲：招杜羅神的鼠、毗羯羅神的牛、宮毗羅神的獅、伐折羅神的兔、迷立羅神的那伽、安底羅神的摩睺羅迦、安彌羅神的馬、珊底羅神的羊、因達羅神的猴、波夷羅神的金翅鳥、摩虎羅神的狗、眞達羅神的豬。有人推測這可能是中國十二生肖的來源。

關於《阿娑縛紗》的起源有兩種說法：一說是鎌倉時代中葉至13世紀中葉，日本平宗禪修寺僧人松澄編撰；另一說是13世紀日本人小川承澄所著。可惜，手抄本未能保存，中世紀筆錄也很少。由於《阿娑縛紗》成書較晚，僅憑此推斷十二生肖從印度傳入，證據不足。但佛經中常提到十二生肖動物，經常出現「虎」與「獅」互換的現象。例如北涼時期曇無讖翻譯的《大方等大集經》，記載的十二獸爲鼠、牛、獅、兔、龍、蛇、馬、羊、猴、雞、狗、豬。

《大集經》（Mahāsa nipāta Sūtra）記載：十二生肖動物原是十二神將（Dvāda a Ādityas）的坐騎，如招杜羅神（Dh tarā ra）的坐騎是鼠、毗羯羅神（Virū haka）的坐騎是牛、宮毗羅神（Kumbhīra）的坐騎是獅、波夷羅神（Pāyila）的坐騎是金翅鳥。中國版本的十二獸有「虎」無「獅」，而印度有「獅」無「虎」，主要原因可能是中原地區不產獅子。

獅子並非中國原生物種，古代中原無獅子，爲何能雕刻石獅子並有舞獅習俗？相關資料顯示，獅子是外來物種，隨中原使者出使西域後引入。據說春秋戰國時期，西域羌人已將獅子帶入關內。最早可能提到獅子的記載，出自先秦成書、西漢初年編定的《爾雅》。《釋獸》記載：「狻麑(孫危)，如虦(撰)苗，食虎豹。」虦指毛色淺，苗指貓，當時傳說這種動物像淺色大貓，能吃虎豹。

直到東漢，中原人很少見過獅子，僅流傳能食虎豹的怪獸傳說。東漢章帝章和元年（西元87年），月氏使節到洛陽獻活獅子，《後漢書》記載：「西域長史班超擊莎車，大破之。月氏國遣使獻扶拔、師子。」

中國人雕石獅、舞獅，可能與佛教傳入有關。佛經中，獅子象徵佛法力量和守護神。東漢時期的山東嘉祥武氏祠石獅形象寫實威猛，但隨著獅子形象世俗化，逐漸改變。

《博物志》中記載，魏武帝曹操征伐烏桓鮮卑時，途中遭獅子襲擊。獅子雖作爲珍獸進貢中原，但多爲宮廷禁苑動物，竟在魏武帝時代出現於華北平原，令人驚奇。

石獅最早見於唐代皇室陵墓神道兩側，呈雙腿伸直撐地坐姿，帶有埃及風格。考慮到埃及石獅也置於陵墓門口，石獅設置可能源自中亞工匠，於唐朝進入中國禮儀場所。

雖然中國古代無獅子，但亞洲並非沒有。獅子有兩個亞種：非洲獅和亞洲獅。非洲獅分佈於非洲，亞洲獅現存於印度吉爾森林。過去，亞洲獅分佈範圍從土耳其、阿拉伯半島到巴基斯坦、印度，但因過度捕獵和棲息地破壞，僅剩吉爾森林一小群。

其實，印度大陸居民、蘇美人和古藏人可能同出一脈。人類學研究提供佐證。波蘭研究小組分析350具古屍後發現，蘇美人的粒腺體DNA與印度次大陸喜馬拉雅地區的藏人一致。攜帶此DNA的蘇美人自舊石器時代存在於西藏高原，證明喜馬拉雅地區的人遷徙至敘利亞，而非反向遷徙。此遷徙或發生於4500年前，西藏高原2萬年前已有人居住。報告提到藏人DNA取樣地爲印度西北部拉達克，當地藏人具黃種人特徵。

此外，學者比較西藏文化與蘇美文化，發現語言和文化的相似性。華沙大學東方學研究中心教授Jan Braun在2001年出版的《蘇美語與藏緬語》中，詳細論證兩者語言的同源性。

因此，不難理解印度杜爾迦女神（難近母）的座騎爲何在不同記載中時爲獅子、時爲老虎。印度繪畫中，祂有時與獅子同行，有時與老虎爲伴，可能是受鄰近地區多種文化影響的結果。

推論下來，既然「獅子王座沿着絲綢之路傳人到中國」，那麼若說西王母的「龍虎脅侍」（龍虎座或單一的老虎座），便很可能隱藏印度、美索不達米亞甚至更遙遠文明的基因密碼；又或倒過來說，中亞、歐洲的獅子崇拜，亦未必不含東方老虎圖騰信仰血統。

神秘的陸吾與窮奇

來到此處，筆者回頭再看神話。據《山海經》所載，西王母所居地「崑崙山」裡，有著聖獸鎮守，牠名為陸吾。

山東漢畫像石中的西王母。西王母左邊的應是「其狀如牛」的窮奇，右邊的鳥面人身侍者，造形常見諸埃及神明，例如埃及神明荷魯斯（Horus）。巧合的是，荷魯斯是伊西絲的兒子。如果依本書的推論，西王母與伊西絲存在對應碼的話，那麼鷹面人身的「荷魯斯」侍奉在側亦不出爲奇了。

《山海經》中記載，陸吾居住在崑崙山，是崑崙山的山神。崑崙山衆所周知，是神仙居住的聖地。陸吾負責守護這片區域，防止外人闖入。他的外形像老虎，卻有九條尾巴，長著人的面孔和老虎的爪子。古人將這些兇猛的神靈安置在崑崙山時，特別提到西王母的主神特徵，清楚揭

荷魯斯

示了崑崙山的眞相——死亡之地與埋葬之所。同樣地，傳統學界也將金字塔視爲大型墓葬。

這種人虎共體的神獸，是中國古代鎭墓獸的起源。同時，它還是崑崙山的山神，擔任天帝的大管家。

在《山海經》中，陸吾是一位地位極高的天神，也被稱爲開明獸。

《山海經·西次三經》曰:「西南四百里，曰崑崙之丘，是實惟帝之下都，神陸吾司之。其神狀虎身而九尾，人面而虎爪；是神也，司天之九部及帝之囿時」。

崑崙神山是天帝進出的門戶，也是天帝在人間的都城，由陸吾管理。陸吾有著人面、虎身、虎爪，並擁有九條尾巴。陸吾不僅是帝都的守護者，還負責掌管天上九個區域的界限，以及天帝苑囿的時節更替。

《山海經·海內西經》曰:「海內崑崙之虛，在西北，帝之下都。崑崙之虛，面有九門，門有開明獸守之，百神之所在。……崑崙南淵深三百仞，開明獸身大類虎而九首，皆人面，東向立崑崙上」。

這裏是說，崑崙山每一面有九道門，每道門都有開明獸守護，這裏是諸位天神聚集的地方。……崑崙山的南面有一個深淵，開明獸的身軀龐大，外形像老虎，長著九個頭，都是人的臉，面朝東方站立在崑崙山上。

《山海經·大荒西經》曰:「崑崙之丘，有神，人面虎身，有文有尾，皆白，處之」。

意思是：崑崙山上有一個神，長著人的臉，老虎的身子，身上有斑紋，尾巴都是白色的斑點，住在崑崙山上。

《山海經》所記載的崑崙山神，皆爲人面虎身，雖有九尾陸吾，九首開明獸之別，但其實均爲同一神獸。不同記載出現差異的原因，大概是神話在流傳過程中，發生了形象變化。

除了陸吾，《山海經》還記載了另一隻「老虎怪獸」：窮奇。牠的長相和老虎非常相似，只是比老虎多了一雙大翅膀。

《山海經．海內北經》曰：「窮奇狀如虎，有翼，食人從首始，所食被髮，在蜪犬北。」

這隻「有翼的老虎」，住在西北方。《史記正義》注引《神異經》道：「西北有獸，其狀似虎，有翼能飛，便剿食人，知人言語，聞人鬥輒食直者，聞人忠信輒食其鼻，聞人惡逆不善輒殺獸往饋之，名曰窮奇。」言此爲大惡之獸。

意思是：西北方有一種野獸，外形像老虎，長有翅膀能飛，專門捕食人類。它能聽懂人類的語言，聽到有人爭鬥就吃掉正直的一方，聽到有人忠誠守信就咬掉他的鼻子，聽到有人作惡不善就殺死野獸送給他。這頭獸名叫窮奇，被認爲是大惡之獸。

窮奇還有另一形象。《山海經．西山經》又云：「又西二百六十里，曰邽山。其上有獸焉，其狀如牛，蝟毛，名曰窮奇。」

簡單歸納一下陸吾和窮奇的造形如下：

1.人面、虎身（陸吾）
2.有翼的老虎（窮奇）
3.像牛，身上有刺蝟般的毛（窮奇）（按：古時畫像中窮奇有時是「人首獸身有翼」或「牛頭牛身有翼」）

崑崙神獸與美索不達米亞、希臘、埃及神獸拼一番

爲什麼忽然提起這陸吾、窮奇兩隻異獸？

還記得〈女神的奧秘〉一文中，筆者發現剛於「昆侖」和金字塔的「巧合」嗎？這裡又出現另一中、埃的巧合。正如前述，東、西方的神話有「獅、虎」可互換的特性，那麼，既然《山海經》裡出現「人面+虎身」獸，「西方」對應之物又是什麼？答案呼之欲出：

人面+獅身＝獅身人面！

有些學者推測，埃及的獅身人面像（Sphinx），來源自公元前3000年美索不達米亞的怪物舍杜（Shedu）。亞述人和波斯人則把舍杜描述爲一只長有翅膀的獅子或公牛，長著人面、絡腮胡子，戴有皇冠。

順帶一提，談到有翼獅子，不得不提帕祖祖（Pazuzu）。帕祖祖是巴比倫尼亞神話中的風之魔王，象徵南風，帶來乾旱。牠長著獅子的頭和前腳，老鷹的爪子，背上有四隻翅膀和蠍子的尾巴。據信，帕祖祖的原型來自蘇美的慈善之神安祖（Anzu），安祖的形象之一是「有翼的獅子」。

在神話中，舍杜與拉瑪蘇（Lamassu）共同守護亞述人的寺廟和宮殿，作爲驅邪的保護神。拉瑪蘇是亞述和巴比倫神話中的人首怪獸，擁有獅子和牛的混合身軀，守護著神廟和宮殿。它們有翅膀，能飛翔，力量極大。

到了希臘神話，舍杜和拉瑪蘇轉變爲邪惡的女性形象，代表神的懲罰——斯芬克斯（Sphinx）。也有理論認爲，斯芬克斯最初源於古埃及神話，被描述爲有翼的雄性怪獸。

希臘的斯芬克斯以獅身、女人頭爲原型，背上有老鷹翅膀。根據俄狄浦斯神話，斯芬克斯盤踞在希臘底比斯城門外的懸崖上，要求路過的旅人回答謎題才能入城。若答錯，斯芬克斯會將其掐死並吞食。謎題是：「哪種動物早上四隻腳，中午兩隻腳，晚上三隻腳？」俄狄浦斯答道：「是人，嬰兒用四肢爬行，成人用雙腳走路，老年拄拐杖。」斯芬克斯聽到正確答案後，從高處跳下摔死。另一版本提到第二個謎題：「世上有兩個姊妹，姐姐生妹妹，妹妹生姐姐。這姊妹是誰？」答案是「日與夜」，因爲在希臘文中這兩個詞爲陰性。自希臘時代起，斯芬克斯成爲謎團、門檻及生死輪迴的象徵。

當時傳說中有三種斯芬克斯（Sphinx）：人面獅身的Androsphinx、羊頭獅身的Criosphinx、鷹頭獅身的Hieracosphinx。

至此，我們可以發現，斯芬克斯的形象可以與舍杜和拉瑪蘇對應，亦與《山海經》幾種神獸可作對應。

	人面獅身／虎身	有翼的獅子／老虎	人首牛身有翼	牛首獸身有翼
陸吾	✓			
窮奇		✓	✓	✓
舍杜	✓	✓	✓	
拉瑪蘇			✓	✓
安祖		✓		
斯芬克斯	✓	✓ （鷹頭獅身）		✓ （羊頭獸身）

陸吾（左）、斯芬克斯（右），均爲人首獅／虎身

安祖（左）、斯芬克斯（右），均爲獅身有翼

窮奇(左)、舍杜(右)，均爲人首獸身有翼

窮奇(左)、拉瑪蘇(右)，均爲牛首獸身有翼

註1：老虎對各族的涵意出自王小盾，《中國早期思想與符號研究——關於四神的起源及其體系形成》，上海人民出版社，2008。

註2：https://www.archaeologynow.org/blog/lions

註3：https://lionalert.org/lion-depiction-across-ancient-modern-religions/

註4：吳正浩，《中古時期的「生靈座」及其在西域的傳播》，陝西師範大學。

兔子的神秘意象

在西王母的神話世界裡，除了龍虎侍從，還有三足烏、無頭人刑天與月兔。許多人未必知道，兔子在神話世界一直有特殊意義。現在就爲大家細說從頭。

神秘的Ostara女神

提到兔子，你會想到什麼？是嫦娥身邊的玉兔，還是復活節的兔仔？

在盎格魯-撒克遜神話中（英格蘭、母語爲現代英語的歐裔白人群體），有一位掌管月亮、生育和春天的女神，名叫「奧斯塔拉/奧斯特」（Ostara / Eostre）（也稱爲：Eastre）」。她常被描繪成有兔頭或兔耳朵，旁邊還跟著一隻白兔。傳說這隻神奇的白兔會生出色彩鮮艷的蛋。在過去幾個世紀，信仰這位女神的地區，人們會在春天把這些彩蛋分送給孩子們。

奧斯塔拉女神

爲什麼兔子會生彩蛋呢?據說是因爲女神想讓孩子們開心，把她原本的一隻鳥寵物變成了一隻兔子。這隻兔子生下五顏六色的蛋，奧斯特女神就把它們當作禮物送給孩子們。顯然，這個古老習俗演變成了今天的復活節兔子。

你可能會問，這說法有沒有根據?7-8世紀被稱爲「英國歷史之父」的僧侶比德(Bede)曾提到，英格蘭的前異教徒把四月稱爲「Ēosturmōnaþ」，在古英語中意爲「奧斯特之月」。根據比德在《De temporum ratione》(「時間的清算」)中的記載，基督教的節日是以一位名叫奧斯特(Ēostre)的女神命名的，那個月人們會爲她慶祝節日。

雖然幾個世紀以來，有人認爲這是編造的，但直到1950年代，考古發現才證實了英國確實有這樣一位女神的信仰。

隨著基督教在歐洲扎根，與女神密切相關的野兔和兔子開始被人們以負面眼光看待，被懷疑是女巫的同伴，甚至被認爲是女巫化身的動物。許多民間故事提到，有人被僞裝成野兔的女巫誤導，或者老婦人在受傷後變成了女巫的模樣。有一個著名的故事講到，一位名叫鮑爾曼的強大獵人打擾了一群正在進行儀式的女巫。一位年輕女巫爲了報復，化身爲野兔，引誘鮑爾曼穿越致命的沼澤，然後把獵人和他的獵犬變成了一堆石頭。

你可能覺得，兔子和復活節的聯繫只是民間傳說，正統教義並沒有這樣說。兔子因爲生命力旺盛、生育能力強，人們才把它與復活聯繫起來吧。

不過，在早期基督教藝術中，野兔常出現在浮雕、墓碑銘文、聖像和油燈上，雖然它們的具體含義不總是清晰。

舊約中認爲兔子是不潔動物的負面觀點，影響了中世紀的藝術家。在宗教藝術史上，兔子可能象徵放縱的慾望，帶有負面含義；但也可能象徵通往救贖的艱難道路，帶有正面意義。

不管怎樣，兔子作爲活力、重生和復活象徵的觀念，起源於遠古時期，而不僅僅來自前面提到的盎格魯-撒克遜神話中的奧斯特女神。

兔子與衆女神

不知爲何，在古代，野兔似乎總與女神扯上關係。

在〈女神的奧秘〉一文中，筆者找到一系列上古女神的神秘連繫。然而，在這種「女神連續體」中，或許由於地域與時間跨度，有些女神之間的「血統」比較淡薄，像西王母與阿芙羅黛蒂，她們的神格屬性就比較不明顯。不過，她倆仍殘存一項血緣密碼——兔子。事實上，歷史上許多女神都與兔子有密切關係：

漢畫像石西王母圖，留意右上方有玉兔搗藥。

野兔是阿芙羅黛蒂（即羅馬的維納斯 Venus）的象徵，也是情人間贈送的禮物。由於野兔性慾旺盛，被視爲阿芙羅黛蒂的聖獸。在古希臘，活兔子是男人送給男情人或女情人的常見愛情信物。

兔子是古希臘人和羅馬人的求愛禮物

皮耶羅·迪·科西莫(Piero Di Cosimo)的《維納斯與馬爾斯》，1490 年。

野兔也與希臘女神阿緹蜜絲（Artemis，對應羅馬的黛安娜Diana）有關。她是月亮女神、太陽神阿波羅的姐姐，同時與荒野和狩獵相關。對她來說，新生的野兔不能被殺死，必須留給她保護，不允許用幼兔作祭品。

阿緹蜜絲與一位長著翅膀的小女孩。小女孩因獵殺了一隻野兔而惱怒阿緹蜜絲，面容陰鬱，神情悲傷。

在條頓（古代日耳曼人分支，或德國人）神話中，大地與天空女神霍爾達（Holda）是狩獵的領袖，後面跟著一群手持火把的野兔，或駕駛由野兔牽引的戰車。後來她被貶爲童話中的女巫或妖怪，但她曾是掌管天氣現象的美麗而強大的女神。

北歐女神弗雷亞(Freyja)是愛、美、戰爭和巫術之神，性格任性，她也有野兔侍從。她乘坐由貓拉的戰車，帶著神聖的野兔和野豬旅行。

卡爾特斯-艾克瓦(Kaltes-Ekwa，西伯利亞、芬蘭)是變形的月亮女神，喜歡以野兔的形態在山間漫遊，儘管她通常以人形出現，頭戴野兔長耳朵的頭飾。她與四月有關，是分娩、命運、黎明和變形的女神，常以野兔形象出現。

伊克切爾(IxChel)是瑪雅人的月亮女神，掌管編織、愛情、戰爭、生育和死亡。一位女神同時掌管愛情和戰爭，或生育和死亡，對許多人來說可能聽起來很奇怪。但伊克切爾是一位掌管自然二元性的女神：生育、助產和懷孕是生命的開始，而死亡是生命循環的結束。

《德勒斯登抄本》(Dresden Codex)(少數幾部未被基督教主教迭戈·德·蘭達於1560年代焚毀的瑪雅聖卷之一)中的伊克切爾

當然不能忘了嫦娥。嫦娥的前身可能是古代月神常羲，後來演變爲常娥。

傳說嫦娥的丈夫后羿射下九個太陽後，從西王母那裡得到不死之藥，但嫦娥卻偷服了藥，結果飛升到月亮，化爲蟾蜍。你可能不知道，這故事的「古籍版」與民間版本略有不同。民間傳說爲了解釋嫦娥爲何

伊克切爾和兔子的雕像可追溯到西元800年左右

搶著服藥，增添了以下情節：后羿得到不死藥後，不捨得拋下妻子，將藥交給嫦娥保管，卻被徒弟逢蒙發現。逢蒙趁后羿不在家，用劍逼嫦娥交出靈藥。嫦娥知道自己無法反抗，只好當機立斷服下藥。但古籍如《淮南子‧覽冥訓》記載：「羿請不死之藥於西王母，姮娥竊以奔月。」高誘注：「姮娥，羿妻。羿請不死之藥於西王母，未及服食，姮娥盜食之，得仙，奔入月中爲月精也。」據高誘說，嫦娥是自己偷服了藥，而非被迫。民間傳說更溫情：嫦娥到月亮後並不孤單，有玉兔和吳剛相伴。而她的玉兔，正是從西王母神話中借用而來。

有趣的是，上述大多數女神都是變形者，她們化爲兔子或野兔，在每個月的盈月、新月和滿月期間，在鄉間漫蕩。

這些女神是「巧合地」有許多相似元素，還是彼此有所關聯？她們背後是否有一個共同的原型？這又與中華文化中的兔子有什麼關係呢？

兔子與復活

這位女神的形象與兔子及復活的意象聯繫尤爲密切，她就是埃及的韋內特女神。

韋內特（Wenenut）（埃及）──「被神化的兔頭女神」。她是兔頭神韋內努（Weneu/Wenet）的妻子。《亡靈之書》中其他段落也提到韋內特。例如，咒語 149 描述了「韋內特之丘」，靈魂通過這座丘陵旅行，實現重生，在另一個世界恢復活力：

兔頭女神韋內特

「……至於羅塞喬前方的那座韋內特之丘，它的氣息如火焰，神靈無法靠近，也無法與之交往；丘上有四隻眼鏡蛇，牠們的名字是『毀滅』。韋內特之丘啊，我是你體內最偉大的靈魂，我是你體內不滅之星的一員，我不會滅亡，我的名字也不會滅亡。『哦，上帝的味道！』韋內特丘中的眾神說。如果你愛我勝過愛你的神，我將永遠與你同在……」

韋內特之丘不僅是神聖的創造之地，還與野兔有密切關係。野兔天生擅長逃脫危險，這象徵著與野兔相關的女神 Wenet 能保護靈魂。她就像一個安全的避風港，讓靈魂在穿越神秘世界的旅途中得到休息和恢復力量，最終到達一個永遠不會毀滅的樂土。

在這裡，我想補充一些兔子與復活的關聯，特別是非洲原始部族的古老傳說。非洲的納馬夸人（或稱霍屯督人）將月亮的盈虧、消失與復出視爲月亮不斷重複死亡與再生的過程，甚至月出月落也被看作月亮的出生與死亡。傳說在遠古時期，月亮希望向人類傳遞永生的訊息。兔子自告奮勇擔任使者，月亮便委托兔子向人類宣布：「就像我死而復生一樣，你們也將死而復生。」然而，兔子見到人類時，不知是記錯還是故意歪曲，它對人類說：「就像我死而復生一樣，你們死後不會再生。」月亮得知兔子傳錯訊息後大怒，用木棒打向兔子，將兔子的嘴唇打成兩半。

霍屯督人的另一版本更有趣：月亮最初派了一隻爬蟲向人類傳遞訊息，告訴爬蟲：「就像我死而復生一樣，你們也將死而復生。」但爬蟲行動緩慢，兔子嫌牠太慢，便自告奮勇代爲傳訊。後面的故事與前述相同。[1]

那隻「爬蟲」是什麼？若說是行動緩慢的爬蟲，不禁讓人聯想到蛇。蛇與「永生不死」的意象同樣貫穿各種神話，本書後文會再深入探討。

爲什麼兔子與「復活」和「永生」有如此深的聯繫？這眞是一個耐人尋味的謎團。

玉兔搗藥（山東嘉祥縣南武山出土）。玉兔所搗的是什麼藥？根據神話，應該就是不死藥

神秘的三兔共耳圖

有一個與兔子相關的基督教符號，非常神秘。它證明兔子與基督教及復活意象有深層聯繫，並非只是民間小孩玩復活蛋的簡單習俗。

這個符號是：三隻野兔圍成一個圓圈，牠們的耳朵相互連接，形成一個完美的三角形。在西方宗教（基督宗教）和藝術界，這被視爲三位一體（Trinity）的象徵。這個符號在當地被稱爲 Tinner Rabbits，普遍認爲是基於錫的古老煉金術符號。

Tinner Rabbits

在歐洲許多教堂中都可以看到 Tinner Rabbits 的蹤跡，例如瑞士帕德博恩大教堂和穆奧塔爾修道院的Hasenfenster（兔子窗），以及英國德文郡17座教堂的屋頂雕刻中發現的圖案。

研究傳說的 Legendary Dartmoor 創辦人提姆桑德斯（Tim Sandles）表示：

「從全球範圍來看，法國、德國、瑞士、俄羅斯南部、伊朗、尼泊爾和中國都有相關實例。已知最早的例子出現在中國，可追溯到公元 600 年左右。尼泊爾的例子可追溯到公元 1200 年左右，阿富汗的例子約爲公元 1100 年左右。歐洲最早的例子出現在公元 1200 年左右，而英國的例子則可追溯到公元 1300 年左右。」[2]

伊朗托盤上的Tinner Rabbits

在中國，學者將這個圖案稱爲「三兔共耳圖」。在莫高窟407窟的「三兔蓮花藻井」中，八瓣蓮花正中央的圖案顯示：三隻相互追逐的兔子，牠們的耳朵相連，形成三隻兔子只有三隻耳朵的獨特圖形。

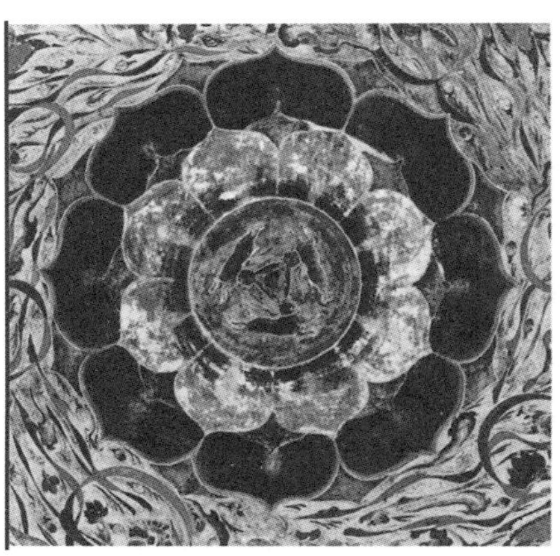

敦煌莫高窟「三兔共耳圖」

不知大家是否記得，這個圖案在西方被認為是「三位一體」的象徵。

也有人認為它是煉金術符號，因為這個圖案與許多植物造型相似，符合「斐波那契螺旋線」，也就是常說的「黃金螺旋」。

東方對這個圖案的解讀則有多種觀點。例如，《道德經》中「道生一，一生二，二生三，三生萬物」的「三生」說法，讓一些人認為三兔共耳圖象徵生生不息。

此外，由於莫高窟的壁畫多與佛教有關，有人根據佛教經典來解釋三兔共耳圖。佛經中有關於兔子捨身供養的故事，例如《六度集經》中的《兔王本生》和《菩薩本緣經》中的《兔品》。在佛經中，兔子是佛陀前世之一，具有神聖地位。《大唐西域記》卷七記載了一個兔子捨身救人、最終成神並被送往月亮的故事。

《本生經》的故事

《本生經》裡有這樣一個故事：釋迦佛陀在過去世修行時，曾是一隻兔子。牠為了救人而犧牲自己，正因為這種布施的菩薩行為，最終得以升天。

在佛陀住世的時代，舍衛國有位長者的兒子跟隨佛陀出家。這位比丘平時只喜歡親近村落，常與俗家眷屬來往，不愛讀經，也不適應僧團生活，讓其他比丘感到惋惜。

於是佛陀讓他離開僧團，遠離村落，獨自到僻靜處修行。斷絕世俗干擾後，他精進用功，不久便證得阿羅漢果，擁有六種神通。其他比丘很驚訝，為何原本貪戀俗世的他，獨自修行後竟能這麼快證果？為了解答眾人的疑惑，佛陀講述了這位比丘過去的因緣。

佛陀說，這位比丘不僅今生能在寂靜處精進修行，過去世也是如此。很久以前，有位仙人在山林中獨自修行，靠山中蔬果維生。由於日夜精進，感召一隻兔子前來護持。

幾年後，山中遭遇大旱，草木枯竭，仙人缺乏食物，便想離開修行地，前往村落乞食。兔子請求仙人留下，並承諾供養他。然而旱災嚴重，山中幾乎找不到食物，兔子決定犧牲自己，以肉身供養仙人。牠撿來柴火點燃，毫不猶豫地跳入火中。

仙人見狀，深受觸動，心想：「這兔子一直守護我修行，如今竟捨身供養，這種爲法忘軀的精神，如同菩薩爲衆生犧牲。」正當仙人悲傷之際，天帝釋提桓因的宮殿震動，他發現兔子的壯舉，深受感動，於是降下大雨，解除旱災。山中恢復生機後，仙人繼續修行，最終證得五種神通。

佛陀告訴比丘們，這位證果的比丘就是當年的仙人，而捨身供養的兔子則是佛陀的前世。正因這段因緣，今生佛陀也能引導這位比丘遠離眷屬，獨自修行，最終證得解脫。

因此，「三兔共耳」圖中的三隻兔子，分別象徵「前世」、「今生」和「來世」，代表三世輪迴，永不分離。

縱觀中國工藝美術史，除莫高窟外，雖未發現完全相同的「三兔共耳」圖案，但類似構圖卻不少，如戰國銅敦蓋上的三獸紋、漢代瓦當的三雁紋、西漢銀鉑的三獸紋、漢代三魚漆耳杯、西漢漆盤的三辟邪紋等。此外，早在西周（公元前8世紀），青銅器上就已出現兔子形象。漢代畫像中，西王母身旁或月中搗藥的圖像裡，也常有兔子出現。

十二生肖傳說與伊索寓言

最後我想分享一個在網上找到的十二生肖故事。關於十二生肖的民間傳說版本很多，相信大家都聽過不少。但這個版本不知道大家有沒有聽過。老實說我找不到它的出處，可能是後人創作的，但如果這個故事眞是從古代口耳相傳下來的，那就非常有趣了。故事是這樣的：

黃牛和兔子是鄰居，牠們感情很好，以兄弟相稱。

平時，兔子總愛在黃牛面前炫耀：「我是動物界的長跑冠軍，誰都跑不過我！」黃牛虛心向兔子請教跑步的秘訣，兔子卻驕傲地搖頭說：「跑步要靠天賦，學不來的。看你這笨重的身材，恐怕永遠都跑不快。」黃牛聽了很失望，但牠不服輸，憑著一股牛勁堅持練習，終於練就了一雙「鐵腳」。跑起來四蹄生風，連續跑幾天幾夜都不會累。

到了玉帝要排十二生肖的時候，黃牛和兔子約好：聽到第一聲雞叫就起床，然後一起趕往天宮。第二天天還沒亮，雞一叫，黃牛就起床了，卻發現兔子已經不見蹤影。

雖然起步晚了，但黃牛靠著平時鍛鍊的耐力和鐵腳，在兔子還在睡覺的時候，就已經跑到天宮了。

突然，一陣急促的腳步聲驚醒了兔子。兔子睜眼一看，原來是老虎像風一樣跑了過去。兔子這下急了，趕緊追趕，可惜還是慢了一步。因爲黃牛的角上還藏了一隻投機取巧的老鼠，結果兔子只排到第四名，前三名分別是老鼠、黃牛、老虎。兔子雖然進了生肖，但覺得很沒面子，因爲牠輸給了曾經被自己嘲笑的黃牛。

大家有沒有發現這個故事很像什麼？沒錯，就是「龜兔賽跑」。「龜兔賽跑」出自《伊索寓言》，是來自希臘的故事。

依淳法師在《本生經的起源及其開展》一書中指出，「就西方文學來講，由於佛教的西傳，隨著軍人，隨著商旅賈客傳佈到西方，影響了希臘的《伊索寓言》和阿拉伯的《天方夜譚》，在二者中可以找到好些佛教的本生故事。」[3] 學者季羨林爲《佛經故事》作序時也提到，「印度的神話、寓言和童話，幾乎傳遍了全世界，連古代希臘寓言，比如說《伊索寓言》中都可能有印度的成分。」

究竟是否天下文章一大抄呢？說到這裡，筆者也不禁感嘆，原來嫦娥的兔仔，竟與復活節的兔子有這麼深遠的隱性連繫。

[資料室]

無頭人與刑天

西王母的神話景像裡，有時可見到刑天的蹤跡。

西王母下方的無頭人就是「刑天」

相傳刑天和黃帝爭位，天帝砍斷他的頭，將其葬於常羊山。想不到刑天竟然用兩乳爲雙目，用肚臍作口，還操持干戚來舞動。《山海經·海外西經》載：刑天與帝至此爭神，帝斷其首，葬之常羊之山。乃以乳爲目，以臍爲口，操干戚以舞。

無頭人畫像，出自1493年出版的《紐倫堡編年史》。

說起沒有頭的怪物，原來東、西方的文獻均可見到蹤影。古羅馬學者老普林尼的《自然史》記載了一種無頭人（Blemmyes），傳說他沒有頭，五官就長在胸部上，居於古羅馬時代的北非撒哈拉沙漠。

從刑天和Blemmyes的神秘密碼裡，西王母的神話世界再一次與羅馬、非洲扯上關係。

註1：魯剛，《文化神話學》，社會科學文獻出版社，2009。

註2：https://www.legendarydartmoor.co.uk/2016/03/24/three_hares/

註3：釋依淳，《本生經的起源及其開展》，佛光出版社，2012

CHAPTER 3

龍蛇密碼

原初之蛇與永生之秘

蛇，在某些神話裡，是創世神一般的存在，例如蘇美神話的緹亞瑪特、華夏上古傳說的女媧。

蛇，在某些神話裡，是頭號的反派，例如基督宗教的撒旦、埃及神話的阿波非斯。

在羿的故事裡，羿從西王母處得到「不死藥」，雖然最後他無緣服用。某些西王母的畫像中，西王母被刻畫成半人半蛇，一如女媧。我們從此得知，蛇可賜予人類永生。

在吉爾伽美什的故事裡，他本來已取得永春草，可惜最後給蛇吃掉了。我們由此得知，蛇可以剝奪人類的永生。

在家傳戶曉的《聖經》故事裡，阿當夏娃本來是不會死的，上帝警告他倆服用了「知善惡樹」的果子便會死亡。然而夏娃抵不住蛇的誘惑，拉著丈夫吃了禁果，從此人類被趕離樂園，從此世世代代面對死亡。我們由此得知，蛇可以騙走人類的永生。

生與死，彷彿是研究蛇神話的關鍵字。

原始部落的蛇傳說

在原始部落中，人們會跳蛇舞，目的是治病。說到治病，在西方，蛇杖是醫學的象徵。代表醫學的蛇杖源自希臘神話，屬於醫神「阿斯克勒庇俄斯（Asclepius）」。在古希臘史詩《伊利亞德（Iliad）》中，大醫師阿斯克勒庇俄斯救人無數，後來被希臘人神化，成為太陽神阿波羅的

阿斯克勒庇俄斯與蛇杖

兒子。有一次，阿斯克勒庇俄斯正在思考如何救活死去的葛勞科斯（Glaucus）。突然，一條蛇從草叢中竄出，嚇了他一跳，他情急之下用手杖將蛇打死。這時，另一條蛇爬了出來，銜著藥草抹在死蛇的嘴邊。不久，第一條蛇竟然復活了。阿斯克勒庇俄斯見狀，學著用藥草救活了葛勞科斯。因爲蛇帶來了療癒的能力，阿斯克勒庇俄斯從此帶著纏繞蛇的手杖，這也成爲醫神的標誌。

在這個故事中，蛇具有起死回生的作用。很多人不知道的是，在許多原始部落的傳說和神話中，蛇都被認爲擁有永生不死的能力。

蛇能永生的觀念在許多原始部落中都有體現。學者認爲，古人相信蛇通過每年蛻皮來恢復青春，這一觀念廣泛出現在不同神話中。東非的瓦非巴人和瓦本德人流傳著這樣的傳說：有一天，名叫勒札（Leza）的神來到地上，問所有生物：「誰不願死亡？」不幸的是，人類和其他動物當時都在睡覺，只有蛇醒著。蛇立刻回答：「我不願死亡。」因此，人類和其他動物都會死亡，只有蛇不會死，除非被人類殺死。蛇每年換新皮，重新獲得青春與活力。在英屬北婆羅州的傳說中，創造主完成天地創造後，問世界上誰能剝下自己的皮，做到這一點的就不會死亡。只有蛇搶著說自己可以，因此蛇通過蛻皮獲得永生。

英屬圭亞那的阿拉瓦克人則說，人類原本也能永生。但有一次，創世主來到地上查看人類的生活，發現人類變得非常邪惡，甚至想殺神。於是，創世主剝奪了人類的永生能力，將這一特權賜給蛇。從此，蛇可以通過蛻皮獲得新生。

本書第一章提到過蘇美文明的英雄王吉爾伽美什的故事。他的父親是烏魯克國王，母親是畜牧女神，意味著他擁有半人半神的血統。但即使如此，他仍需像普通人一樣面對死亡。爲了獲得永生，他拜訪了著名的不死賢者，得知青春常駐的永春草（Plant of Eternal Youth）的所在地。吉爾伽美什採到永春草後，在洗澡時，卻被一條蛇偷吃了這株草。

這麼多原始部落都認爲蛇擁有永生的能力，會不會是因爲蛇吃了吉爾伽美什的永生草，才獲得了永生呢？

筆者不禁聯想到科幻電影的場景。彷彿在遠古時代，人類已掌握某種技術，當人「年老或身體衰敗」時，能將意識或靈魂提取出來，轉移到一個新的軀體中（猶如蛇的蛻皮），以此延長生命。這個新的軀體可能涉及複製人技術，但這樣的做法卻遭到神靈的阻止。

這當然是筆者的狂想。話說回頭，蛇在各地神話裡，往往並非小角色，牠要不是開天闢地的大神，要不是對抗主神的大反派。

原初的蛇

蘇美創世神話有兩個版本。在無盡的虛空中，最先誕生了大母神，隨後出現了天堂之主——天神安（An）。虛空中還誕生了廣袤的大地基

(Ki)，她既是安的姐妹，也是他的配偶。[比較其他神話的兄妹夫婦神] 他們結合，誕生了握有統治權的阿努納奇(Anunnaki)諸神。其中最令人敬畏的是風神恩利爾，他被尊爲蘇美人的父神。安還與埃利都的母神南穆(Nanmu)結合，生下諸神中最具智慧的恩基。

緹亞瑪特的形象之一爲巨蛇

另一個版本說，起初海洋一片寂靜，平靜異常。漸漸地，混沌的海域中凝聚出一些東西，誕生了兩個神。地下淡水神阿普蘇(Apsu)性情寧靜，但缺乏生命活力；鹹水女神緹亞瑪特(Tiamat)性格暴烈，卻蘊含無限生機。他們生下無數「神二代」和「神三代」，包括天空之神安努，後來他成爲神界之王。然而，創世神阿普蘇和緹亞瑪特因長期勞累，疲憊不堪，早已退回深淵休息。後來，新生代天神爲了爭奪世界的統治權，與古老神祇展開激烈戰鬥。在這場天崩地裂的神戰中，戰神瑪律杜克(Marduk)殺死了世界之母緹亞瑪特，成爲巴比倫城的守護神和至高神。鹹水女神緹亞瑪特可化身爲巨蛇(或說巨龍，這在後文會再分析)。[1]

華夏的始祖級大神伏羲和女媧，都是蛇身人面的形象。伏羲是三皇五帝中的三皇之一，相傳他創造了八卦。女媧則以煉石補天的傳奇事蹟廣爲人知。

伏羲和女媧的名字，最早出現在戰國時期的文獻典籍中。根據現存文獻，女媧比伏羲更早被視爲創世神，相關記載見於《楚辭·天問》、《山海經·大荒西經》及《列子》：

· 誰被立爲帝王，誰指引了道路？女媧有形體，誰創造了她？(《天問》)[2]
· 有十個神人，名爲女媧之腸，化爲神，居住在栗廣之野。(《大荒西經》)[3]
· 事物有所不足，因此古時女媧氏煉製五色石來修補天的缺損，斬斷大鼇的腳來支撐四極。(《湯問》)[4]

以上三段資料清楚顯示，在戰國時期，女媧已被尊爲神，承擔創世與創始神的角色。

到了兩漢時期，女媧的神話色彩依然濃厚，未有褪色，她的「煉石補天」功績繼續流傳：

· 遠古之時，四極崩塌，九州分裂，天無法完全覆蓋，地無法全面承載，烈焰燃燒不止，洪水氾濫不息，猛獸吞食百姓，兇鳥搶奪老弱。於是，女媧煉製五色石修補蒼天，斬斷大鼇的腳來支撐四極……(《淮南子·覽冥訓》)[5]

· 女媧熔煉五色石修補蒼天，斷鼇之足以立四極。(《論衡·談天》)[6]

至於伏羲，他大約在戰國中期出現在典籍中，當時的角色似乎僅是一位部落領袖，與女媧濃厚的神話色彩相比，地位較低，尚未承擔創天造地的職務。

從文獻來看，戰國時期的伏羲僅與神農、黃帝、堯舜等人並列爲領袖，缺乏女媧那樣創天造地的神話成分。到了兩漢，伏羲的地位與女媧一樣，被提升爲「三皇」之一。

一些學者推測，伏羲與女媧並非同時出現的神話人物。前者關於創世之神的神話，後者關於文化英雄的神話。伏羲是較晚出現的神話人物，以配偶神的身份被補充進女媧神話中。

其實，伏羲與女媧的傳說，很可能源自苗族的洪水故事和兄妹結婚傳說，並被記載成書。

在苗族、瑤族、侗族、彝族、藏族等少數民族的神話中，有一個重要的主題是洪水創生：洪水席捲大地，毀滅蒼生，只有兄妹二人倖免於難。他們結爲夫妻，繁衍後代，成爲人類的始祖。這對兄妹，就是伏羲和女媧。[7]

不管伏羲與女媧誰先誰後，無論在文獻還是畫像中，兩人都以蛇身人面的形象出現：

· 庖犧氏、女媧氏、神農氏、夏后氏，蛇身人面，牛首虎鼻；此有非人之狀， 而有大聖之德。(《列子 · 黃帝》)
· 傳言女媧人頭蛇身，一日七十化 (王逸注《楚辭 · 天問》)

·神農牛首，結繩而治，伏羲人頭蚍身。(《藝文類聚·卷一 十七·頭》)
·伏羲麟身，女媧蛇軀……(《藝文類聚·卷六十二·殿)
·神農牛首，伏羲人頭蛇身。(《太平御覽·人事部五·頭下》)

馬王堆漢墓帛畫(局部)。畫中頂部的主神爲半人半蛇，歷來學者對於其身份有不同推測，計有伏羲、女媧到三皇等。筆者認爲整個畫面既有日中鳥(雖然不是三青鳥)，有新月及蟾蜍，有虎豹，倒令人聯想起西王母。雖然西王母的形象甚少是人首蛇身，但也偶有文物得見此造形。

在中國東部和南部地區的畫像石中，伏羲與女媧被描繪爲人首蛇身，彼此交纏，象徵陰陽二神。因此，這位煉石補天的大神，原來是蛇神！無獨有偶，伏羲與女媧的形象，與印度的那伽（Naga）以及米索不達米亞創世神鹹水女神緹亞瑪特相似，都是人身蛇尾。

印度的古老吠陀文獻也記載了半人半蛇的那伽（Naga）。吠陀中的宇宙之神與河川之主伐樓拿（Varuna）被視爲那伽一族的王。後來，那伽的觀念被佛教吸收，成爲天龍八部之一，擔任佛教的護法角色。

伏羲與女媧

半人半蛇的那伽。亦有資料說，這是緹亞馬特和阿普蘇匯合時，誕生出來的拉赫穆（Lachmu）和拉查穆（Lachamu）神明。如果眞是這樣，那麼緹亞瑪特也可能是半人半蛇。

擔當大反派的蛇

談完創世等級的蛇，現在來講講反派蛇。在埃及神話中，太陽神拉(Ra)每晚會乘著太陽船前往冥府，巡視黑暗世界。途中，他會經過一片漆黑寂靜的地域，那裡有一座恐怖的死者之城，城中沉睡著一隻名叫阿波菲斯(Apep)的蛇怪。阿波菲斯是光明的敵人，象徵黑暗，每晚都守候太陽船經過，試圖殺死拉，讓自己脫離陰暗的地底，統治世界。

雙方會展開激烈戰鬥，阿波菲斯試圖撞毀太陽船，讓拉死亡無法復生。當太陽神陷入危機時，女神伊西絲會念咒語，驅散黑暗的鬼怪，使阿波菲斯頭暈無力。隨後，衆神會召喚一隻神貓前來，用繩子綁住蛇怪，並以尖刀刺傷牠，使阿波菲斯傷痕累累。拉神和太陽船因此得以安全離開。然而，阿波菲斯是不死之身，神貓無法徹底消滅牠。牠會慢慢甦醒，咬斷繩索，恢復正常，重新積蓄力量，等待下一次伏擊太陽神。

先前提到，在美索不達米亞神話中，始祖神之一的淡水神阿普蘇(Apsu)因與後代諸神爭執被殺。他的妻子、鹹水神兼深淵之母緹亞瑪特既悲傷又憤怒，創造了一支怪物軍團，其中多隻與蛇有關，包括毒蛇巴什姆(BASHMU)和七頭蛇姆修馬赫(MUSHMAHHU)。然而，這支軍團最終敗給了由太陽神馬爾杜克(Marduk)率領的當權派諸神。值得注意的是，緹亞瑪特本身也以大蛇(或另一種半獅半鷹)的形象出現。她原本溫柔，對後代諸神無惡意，甚至勸丈夫阿普蘇不要動怒。但丈夫被殺後，緹亞瑪特才發起一場衆神大戰。

不知爲何，在這兩個不同地區的神話中，蛇怪對抗的天神集團都以太陽神爲首，實在不知是否巧合。

在希臘神話中，有一隻名叫提豐(Typhon)的妖魔，上身人形，下身是一條大蟒蛇。他與雌蛇艾奇德娜(Echidna)交配，生下許多希臘神話中的著名魔怪。提豐同樣與以宙斯(Zeus)爲首的當權派希臘衆神對抗。有些版本說他一出世就震驚天地，驚動宙斯；另一些版本說他偸了宙斯的雷火。總之，雙方展開生死搏鬥，但邪不勝正，提豐最終被宙斯打入冥界，還被火山牢牢壓住，宛如《西遊記》中孫悟空被壓在五指山下。

提豐

在印度傳統中，有不少著名的蛇神，其中以眼鏡蛇形象的婆蘇吉(Vasuki)最爲知名。婆蘇吉是濕婆(Shiva)頸上纏繞的那條大蛇，被視爲宇宙底部的統治者，又稱蛇王(Nagaraja)。相傳當衆天神與阿修羅爲了獲得不死甘露，聯手攪動乳海(卽宇宙之海)時，就是用婆蘇吉長長的蛇身作爲繩索。

在上古中國的神話中，地下幽冥之國的統治者同樣是蛇神，例如《山海經·海外北經》和《大荒北經》中記載的燭龍。燭龍，又名燭陰，人面蛇身，通體赤紅，是鍾山和章尾山的神。鍾山和章尾山被視爲崑崙，象徵墓丘，是古人想像中的死亡之山。蛇作爲冥神的身份是最基本的神聖特徵。蛇在地下活動的特性和噬人致死的特性，使其被尊爲冥神，進而被奉爲北方之神、再生之神、旱神以及祟臣。

燭龍

奧妙的是，這群巨蛇：阿波菲斯、緹亞瑪特、提豐、婆蘇吉、燭龍，都是居於黑暗世界、深淵、海底、冥府一類的地方。

爲什麼蛇總是和創世滅世、永生死亡之類的主題牽扯不休？

註1：席路德，《美索不達米亞神話 西方諸神的原鄉，大洪水、挪亞方舟、伊甸園的創世源頭》，漫遊者文化事業股份有限公司，2023

註2：登立爲帝，孰道尙之？女媧有體，孰制匠之。（《天問》）

註3：有神十人，名曰女媧之腸，化爲神，處栗廣之野。（《大荒西經》）

註4：物有不足，故昔者女媧氏練五色石以補其闕；斷鼇之足以立四極。（《湯 問》）

註5：往古之時，四極廢，九州裂，天不兼覆，地不周載，火爁炎而不滅，水浩 洋而不息，猛獸食顓民，鷙鳥攫老弱，於是女媧煉五色石以補蒼天，斷鼇足以立四極……（《淮南子·覽冥訓》）

註6：女媧銷煉五色石以補蒼天，斷鼇足以立四極。（《論衡·談天》）

註7：王小盾，《中國早期思想與符號研究——關於四神的起源及其體系形成》，上海人民出版社，2008。

註8：松本彌，《圖解古埃及神祇》，楓樹林出版事業有限公司，2018

東西方龍的血源關係

在近代的奇幻文學、動畫遊戲界，東、西方龍，時常共冶一爐，大抵創作人較少頭巾氣（指讀書人的迂腐習氣，這詞彙很老氣對不對），直觀直覺上認為中華龍、西方火龍等有可媲美之處，很自然就拉攏一起，受眾過癮最重要。

「龍」在古今中外的作品中皆佔極重要地位。

但文化人不這樣想，文化界普遍認為，中西大不同、正邪不兩立，把中華龍譯為「Dragon」會令人產生誤會，把東方象徵「祥瑞」、「皇者之氣」的龍，與西方的邪惡噴火龍混為一談，近年更有人提倡把龍譯為「loong」[1]。

類似的意見不難找到。譬如台灣著名出版人、民俗文化家黃永松：「西方dragon噴火守財，爲惡多端，是被聖人剿殺的惡獸，而中國龍卻爲人間慈悲降雨，是聖人贊許的瑞獸。」

華東師範大學傳播學院新聞學系副教授黃佶：「反對將龍翻譯爲『dragon』，是因爲西方的『dragon』有個特點是殺生，而且會噴火，這些在我們中國的龍文化中是沒有的。」

中國社會科學院研究生院教授、博士生導師何星亮：「西方的龍與中國龍在性質和概念上完全不同，不僅歷史上不同，在當代世界也完全不同。在中國文化中，龍是神獸，主要是吉祥、喜慶、力量、騰飛的象徵。把中國龍譯爲Dragon，不僅不能表現中國龍的獨特性，反而容易使外國人視中國爲『惡魔』或『惡魔的後代』，因而中國應當改正一百多年前形成的錯誤譯名。」

誠然，以現時人們日常一般接觸的東方「龍」，確與西方神話中的Dragon大有差異，一爲瑞獸、一爲邪獸，似乎分別頗大。如果教導年幼的學生，以免他們混淆；又或向對研究龍、相關神話無甚興趣的人士談起，爲免多費唇舌，筆者也贊成將「龍」與「Dragon」作出區分，以方便溝通。

不過，若以神話的源流來看，東方龍是否完全與「西方Dragon」全然不同？所謂的中華龍象徵吉祥，西方龍代表邪惡，又是否如此單純？筆者認爲大有商榷餘地。

爲了解開龍之謎，不妨從這裡作一個切入點。

誠然，翻查坊間談中華龍的資料，你很易得出一個印象：中華龍擁有與別不同的造形、個性，大體而言專家也有共識，翻案空間不大。理由如下：中華龍由原初形象到近代造形，似乎早已被梳理出發展脈絡，哪裡還有什麼懸念？

龍圖騰說：幾分猜想幾分眞相？

中華的龍，具有兔眼、鹿角、牛嘴、駝頭、蜃腹、虎掌、鷹爪、魚鱗、蛇身，九種動物合而爲一的形象，術語稱爲「龍有九似」。

傳統上指中華龍乃由多種動物的形象合而爲一。

力言中、西方龍大不同的論調，撇除那些中國龍代表吉祥、西方龍代表邪惡，如斯片面之印象外（理由稍後詳述），最常見的理據，乃中華龍「根本是一堆不同族群互相交戰融合，其圖騰結合而成，有政治功能的生物」，故此與西方龍不應混爲一談。

這種「龍圖騰說」，在大衆傳播界、文化界，幾乎是「常識」，凡自以爲對龍略知一二的知識份子，都愛搬弄這一套。殊不知在學界和考古界（更不用說神秘文化界「離經叛道」之見），龍圖騰說早已飽受質疑，故此提供各式理論如「現實生物原形說」（如龍是鱷魚演變）、「自然現象說」、「胚胎說」等不一而足；只是有人拿著幾十年前的舊說當寶，從不更新資訊，還自詡掌握眞理，眞吹脹。

早於上世紀40年代，聞一多在《伏羲考》提出：古時可能有一種大蛇叫做龍，後來以大蛇爲圖騰的團族兼並了許多以別的動物爲圖騰的團族，分別吸收了其圖騰的某一部分，於是大蛇有了馬的頭、鹿的角、魚的鱗和鬚，諸如此類。

聞一多的理論有兩個重點：第一是「大蛇」爲骨幹，第二是「圖騰混合說」。

據史記稱，黃帝「北逐葷粥，合符釜山。」有學者認爲，「合符」意思是黃帝滅蚩尤後合兵符；另一解釋是會盟各部落，創立新的圖騰，故後世有「畫龍合符」的傳說。

到了2008年，考古學者在釜山山頂黃帝廟遺址，發掘出了明代的建築基礎和明代崇禎年碑額，金元的建築殘構，唐代陶器碎片，以及距今3500年的商代繩紋陶片，並在其下一米處又挖出殘碑，殘碑上有殘字「黃帝時諸侯合符卽(此)……最著龍之先」。

聽起來，好像有根有據是不是？但不說不知，「龍圖騰說」的證據，近乎僅此而已，細究起來，似乎充滿疑團。

龍圖騰的破綻

主張「龍圖騰」說的「專家」認爲，黃帝在阪泉戰勝了炎帝，在涿鹿戰勝了蚩尤，一統中原後，爲了安撫歸附的部落，結集了各部落原有的圖騰，創立一種新圖騰，那便是「龍」。

疑問1：相傳黃帝原先是以「熊」爲圖騰的。大戰時，黃帝率領以熊、羆、貔、貅、虎爲圖騰的六個氏族部落，共同起戰炎帝及蚩尤。取得勝利後，被部落首領尊爲天子。問題是：若此說爲眞，爲何新的圖騰並非以「熊」爲骨幹，反而變成以「蛇身」爲主軸的「龍」？黃帝基於什麼理由要故作大方？對於本身的部族，如何服衆？

疑問2：即使黃帝故作大方，你能說得出現時我們所見的「龍」，有哪部份見到「熊、羆、貔、貅」的任何影子？（勉強可說有虎爪）

疑問3：中國人最重歷史，若然果眞有「集結圖騰」這回事，沒理由不大書特書，把這項大事如實紀錄下來才是。可是，根本沒人能淸楚說得上「龍」實際是由哪幾種「動物圖騰」所融合。

一講到龍的形象，其實有許多版本，其中能找到出處的，是由《本草綱目》所「轉引」王符的說法。「時珍曰：按：羅願《爾雅翼》云：龍者鱗蟲之長。王符言其形有九似：頭似駝，角似鹿，眼似兔，耳似牛，項似蛇，腹似蜃，鱗似鯉，爪似鷹，掌似虎，是也。其背有八十一鱗，具九九陽數。其聲如戛銅盤。口旁有鬚髯，頷下有明珠，喉下有逆鱗。頭上有博山，又名尺木，龍無尺木不能升天。呵氣成雲，既能變水，又能變火。」

但這並不是唯一龍的形象。民間相傳，龍擁有蝦眼、鹿角、牛嘴、狗鼻、鯰鬚、獅鬃、鷹爪、魚鱗、蛇尾的特徵。另一說又指龍「嘴像馬、眼像蟹、鬚像羊、角像鹿、眼似蝦、耳像牛、鬃像獅、鱗像鯉、身像蛇、爪像鷹」。

如果一種動物代表一個部落，黃帝這個共主明顯壓不住各部族，以致這條龍圖騰「一時一樣」，我們可以類比，若今天的聯合國組成國家，三五不時便重組，世界局面將會如何。這可能嗎？

疑問4：據古籍所載，伏羲氏族系本身就是「龍族」。《竹書紀年·太昊庖羲氏》載「命朱襄爲飛龍氏，造書契；昊英爲潛龍氏，造甲歷；大庭爲居龍氏，造屋廬。渾沌爲降龍氏，驅民害；陰康爲土龍氏，治田里；栗陸爲水龍氏，繁滋草木，疏導泉流」，「以春官爲青龍氏，夏官爲赤龍氏，秋官爲白龍氏，冬官爲黑龍氏，中官爲黃龍氏，是謂龍師而龍名」。上述古文說，伏羲族乃由衆多「龍氏」組成，且各有分工，「龍」古已有之，根本無須由黃帝假腥腥去「創造」。

疑問5：主張「龍圖騰結合說」的人，無論文物、文獻、民俗學上少數民族口耳相傳的證據，基本上也提不出什麼來。

東西方龍比較之「有圖有眞相」

花了許多筆墨去質疑中華龍的所謂「圖騰融合說」，此舉不純爲推翻舊說，主要目的，在於愼防本系列文章探討中、西龍隱含的基因密碼時，有些拿著「龍圖騰說」當眞理的盲毛跑來搞局，懶醒地拋下一句「中國龍源自乜乜乜...一早有定論啦，你的討論是多餘的」，不得已才預先掃一掃盲。

近年網絡潮語揚言「有圖有眞相」，我們當然明白此話未必眞確，皆因在強大的改圖軟件下什麼圖也能做假。但在沒有電腦的日子，那個世人對手繪圖極度重視的年代，某程度上我們確又眞可說有圖有眞相。

無論你對「龍」所知深還是淺，以下懇請先放下相關常識／定見／成見，純以直觀的角度，看看以下三幅組圖，覺得牠們有否文化上的血源關係？

一點點導讀：請先不要理會何爲龍，何爲蛇，何爲神祇，何爲麒麟。這裡只以大概的外型區分：一種是「蛇身」的龍（比較圖1）、一種是獸身的龍（比較圖2）。、一種是「蛇身」＋「翼」的龍（比較圖3）。

中華龍
波斯龍
米蘭之蛇
利維坦

比較圖1：
(左上)中華龍；(左下)米蘭之蛇；(右上)波斯龍；(右下)利維坦

麒麟

唐鎏金銅走龍

怒蛇 Muš uššu

比較圖2：

(上)麒麟；(中)唐鎏金銅走龍；(下)巴比倫伊絲塔城門的怒蛇

應龍

羽蛇神

斯洛伐克龍

埃及蛇神

比較圖3：
(左上)中華應龍；(左下)斯洛伐克龍；(右上)美洲羽蛇神；(右下)埃及蛇神

除非閣下鐵了心硬稱完全不相似，否則很難指這些「龍」毫無關係吧。究竟這如有雷同實屬巧合，抑或空穴來風未必無因？

探討中西龍之異同，並不爲了翻譯學上什麼中國龍應否譯爲Dragon，這對筆者來說意義不大。龍的身世離奇，本來就値得神秘文化愛好者關注，更重要是藉此課題來回答一個問題：

若中、西龍果眞有千絲萬縷的關係，背後究竟有何象徵意義？

答案，不離以下幾種可能：

1. 世上曾經眞確出現一種「龍」的生物，爲各地先民目睹，所以留下甚爲相似的記載、圖畫及傳說。
2. 世上從未有龍，龍約屬人爲創作。之所以在世界各地出現雷同文物圖案（姑且稱爲「全球龍現象」），若非巧合，便是上古之時，人類早已經歷全球範圍的文明交流，側面印證傳統史觀不盡可信。
3. 世上沒有龍，上古各地亦未經文化交流，但龍傳說不僅僅是巧合，全球人類因爲某種未知因素，故各民族相繼流傳種種疑似龍的傳說。

筆者認爲，上述三個可能，無論哪一種，均神秘得不得了，甚爲値得細加研究。如果你覺得，單憑幾幅圖來作出如此多推測未免證據薄弱，筆者可以預告：當然不止這麼少材料。容我慢慢細說從頭。

註1：例如2017年兩會期間，全國政協委員、民進陝西省委副主委岳崇再次向全國政協十二屆五次會議提交提案，建議糾正「龍」的翻譯，因爲「中國文化中的龍與西方文化中的dragon，是兩種不同的物像。他建議將龍，直接音譯爲『loong』，將英文的dragon漢譯爲『拽根』。」

西方龍噴火放毒
中華龍瑞氣吉祥？

講起中國龍，「常識」告訴我們，龍象徵獻瑞與吉祥，這從祥龍獻瑞、龍鳳呈祥、祥龍瑞氣等成語中，大家早已耳熟能詳。

講到西方龍，它常遭描述爲醜陋兇惡，噴火放毒亂吃人，是兇暴惡獸的典型。

但這是事實嗎？或者說，這是眞相的全部嗎？

邪惡龍的來源

在西方，龍最「膾炙人口」的邪惡記述，當然不得不提《聖經》。《啟示錄中描述：

啓示錄12:9「天上又現出異像來。有一條大紅龍，七頭十角，七頭上戴著七個冠冕。……大龍就是那古蛇，名叫魔鬼，又叫撒但，是迷惑普天下的。它被摔在地上，它的使者也一同被摔下去。」

啓示錄20:2「他捉住那龍，就是古蛇，又叫魔鬼，也叫撒但，把它捆綁一千年，，扔在無底坑裡，將無底坑關閉，用印封上，使它不得再迷惑列國。」

正因基督宗教於西方社會影響深遠，《聖經》說龍是魔鬼撒旦，龍自然成爲了邪惡的代表，水洗也不清。中世紀以降的歐洲神話，不乏屠龍的題材，騎士與龍搏鬥撕殺，象徵善和惡的較量，意味信徒可憑信仰之力擊退惡龍。最著名的故事要算是聖喬治屠龍，只要村民改信基督，這位聖騎士便答應替村裡解決心腹大患，揮劍斬下惡龍首級。

有一說法指出，龍在基督教中被視爲惡魔的像征是源自美索不達米亞（Mesopotamia）神話。譬如巴比倫神話中的緹亞瑪特與赫梯（Hittite）神話中的伊路揚卡什（Illuyankas），均是與主神爲敵的惡神。由於居住在美索不達米亞附近，深受兩河文明影響的的猶太人，將這種「站在了主神對立面」的觀念繼承了，故龍在猶太教與基督教中漸漸成爲惡魔象徵。

忠心的西方龍

然而基督宗教興起以前，龍可善可惡，甚至有民族以龍爲崇拜對象。希臘神話的《海克力斯與十二項考驗》中，天后赫拉爲刁難赫拉克勒斯，要求他完成十二項考驗，其中一項是偸走巨龍拉冬看守的金蘋果。那巨龍替夜神的女兒看守果樹，日夜守候，忠心耿耿從不睡覺。下場呢，卻慘遭人催眠殺掉，保不住腦袋也保不住金蘋果。

神話《美狄亞》中，英雄伊阿宋同樣爲了拿到金羊毛，請來地獄女神催眠了負責守衛的龍，然後將魔液灑在龍眼裏，使其昏迷不醒，才順利取得金羊毛。

從這些故事可見，後世描述西方龍貪婪好財，原來眞是冤哉枉也，牠本來只是盡忠職守，受命守財護寶而已。

耶教流佈廣泛前，曾遍佈大半個西歐的凱爾特人，以及北歐的維京人均以龍爲崇拜圖騰，視龍爲民族象徵和守護神。中世紀維爾京人，將自己的海盜船船首雕刻成龍的形象。在斯洛維尼雅，龍被視爲首都盧比安納的代表，象徵神聖的吉祥物。

中美洲的托爾特克帝國、阿茲特克帝國，以及瑪雅文化中常見的羽蛇（羽蛇與龍的關係，日後再談），是該文化圈的重要神祇，掌管農耕、學問與風，傳說羽蛇神（爲維拉科查 / 庫庫爾坎的化身）是帶來當地文明的啟蒙者。

在克羅埃西亞語和斯洛維尼亞語中，龍稱爲zmaj。其意義依地區不同。在東斯拉夫地區被稱爲「zmey」、「zmij」或「zmay」的龍，是斯拉夫語中「蛇」一詞的陽性形式，和「dragon」的形象基本相同。在南斯拉夫地區，被稱爲「ala」或者「hala」（A daja 或 a daha），另一些地區則稱其爲「Lamya」，是雌性的惡龍，和「dragon」類似，而「zmay」則指更有智慧、善良的雄龍，和前者通常有血緣關係，但完全對立。

從上述資料可見，說西方龍是邪惡的象徵，未免片面得過份。

漢以前龍非天子象徵

至於華夏民族視龍爲吉祥物，確然不是無的放矢。相傳龍可興風作雨，故古人不時祭龍求雨。《左氏春秋傳》記載：「龍見而雩，謂建巳之月，蒼龍宿之體昏見東方，萬物始盛，待雨而大，故祭天遠爲百穀祈雨膏雨。」

但眞正強調龍之祥兆，乃自龍成爲「天子」專利，象徵帝王與皇權以後。這究竟從何開始呢？相傳軒轅黃帝乘龍升天，但筆者已談及，黃帝本族並未以龍爲圖騰，上古華夏人對龍的看法也與今天大異。有指龍徵天子起於漢朝，班固《漢書．高祖本紀》說：「高祖，沛豐縣中陽里人，姓劉氏，字季……其先劉媼休息大澤之阪，夢於神遇。是時雷電晦冥，太公往視，則見蛟龍於其上。已有身孕，遂產高祖。」學者認爲這是蕭何美化劉邦的「公關手段」。姑勿論眞假，天子＝龍化身這種觀念，大抵不會早於漢朝太多。

中華龍一樣放火噴毒

好了，弄清邪惡vs.吉祥的觀念，我們再來看看「西方龍會放毒噴火，中國龍不會」的說法。

西方龍擅放毒噴火，在無數故事中可得見，很多民族的傳說也有此一說。古盎格魯.撒克遜人史詩《貝奧武夫》中的龍、英國與北歐的火龍均會噴火；埃及的阿斯布飛龍、北歐的法夫尼爾會噴放毒氣；瑞士的皮拉圖斯山龍更是放火放毒的品種皆有。足見西方龍擁有火、毒兩元素的「必殺技」，沒甚麼好爭議。

但誰說中國龍不會放火噴毒？

先看龍火：

漢朝思想家王充的《論衡·言毒篇》記載：「龍有毒，……火爲毒，故蒼龍之獸含火星。」

宋朝羅願《爾雅翼·釋龍》說：「龍火與人火相反，得濕而焰，遇水而燔，以火逐之，則燔息而焰滅。」

清朝王啍《龍經》說：「龍火之得水而熾。火龍高七尺，其色正紅，火光如聚炬。」

他們皆說，龍之火較一般的火還厲害，像早前天津大爆炸的火一樣，不能用水撲滅，因此火遇水更旺。

中華龍也會放毒火。

再看龍毒：

南朝宋沈懷遠《南越志》說：「蟠龍身長四丈，青黑色，赤帶如錦文。常隨水而不入于海。有毒，傷人即死。」

南北朝楊炫之《洛陽伽藍記》說：「西方不可依山，甚寒，冬夏積雪。山中有池，毒龍居之。昔五百商人止宿池側，値龍忿怒，泛殺商人。盤陀王聞之，舍位于子，向烏場學婆羅咒。四年之中善得其術，還複王位，就池咒龍。龍變爲人，悔過向王。」

晉朝張華《博物志》記載：「唐天寶中，有陳仲弓裏中有井，好溺人。一日，有敬元穎謁　曰：此井有毒龍殺人。」

清代張英、王士禎、王惔《御定淵鑑類函》卷四百三十七引《傳載》說：「五臺山北臺下有青龍池約二畝，巳來佛經雲：禁五百毒龍之所。……如近池必爲毒氣所吸，逡巡而沒。」

文獻俱在，想說中國龍善良不會噴火放毒傷人者，可以休矣。總結一下，所謂中華龍吉祥、西方龍邪惡的「常識」，可謂非常片面，甚至武斷。其實中華龍的「吉祥化」，大抵見於漢朝以後（約公元三世紀）；而西方龍被「污名化」，始於耶教冒起席捲歐洲以後（公元三世紀中期到四世紀中期的100年）。事實上，傳說中，東、西方龍同樣會噴火、放毒氣，致人於死。如果以此爲之「邪惡」，中華龍也好不到哪裡，大家龍兄龍弟，彼此彼此。

全球龍族大聯盟

細究全世界的民間傳說與神話，都出現龍的模樣，而且堪稱大同小異。當某國的學究仍在膠柱鼓瑟之際，外國已有人隱隱然突破盲點，從另類角度思考「龍」究竟是什麼一回事。

筆者許多年前看過一套Discovery Channel的《眞實猛龍——科學的假設》(The Last Dragon)， 該節目從自然史角度，想像並推論「龍」這種傳說中的非凡生物，歷來如何在世界各地演化成不同的龍種，各種龍如何因應生存環境，發展出獨特的適應力與行爲。譬如中國龍·該節目便推想爲一種生存於水裡的龍，是西方火龍的遠親。

(題外話：這節目大家可在YouTube上找到。其中關於中國龍的一截片短，曾被人抽出來，可能是內容農場，指稱爲有人拍攝到中國龍云云)

該節目的構思頗爲大膽新穎，但我想指出的是，在各民族口耳相傳的龍傳說裡，其實「龍族」們的差異並不大，遠較今天大家所認知的更爲相似。

全球龍族，大體上均居於水裡、懂噴火放毒、獅足鷹爪、長角、有些曉飛(部分有翼)、有些只懂在水中興風作浪、有一類以蛇形的身軀爲主幹，另一類以猶如野獸的身軀示人。有些更懂幻化，譬如由某種生物演化爲龍，再幻化爲人等。在詳細拿牠們比較前，先爲大家介紹一下幾隻西方經典龍的故事。

經典西方龍故事

古希臘神話中的龍常常作爲兇惡的怪物以及寶物的看守者出現。荷馬的史詩《伊利亞特》中提到阿伽門農的裝束時說他的劍帶上有藍色龍形的圖案，他的胸甲上也有三頭巨龍形象的紋飾。在赫拉克勒斯的十二件功績中，第十一件「盜取金蘋果」中守護金蘋果的也是龍。這頭巨龍是堤豐與艾奇德娜的後代，生有一百個頭顱，一百張嘴巴里發出一百種不同的聲音。許癸努斯的《傳說集》中則提到守護金蘋果的龍拉冬是堤豐與艾奇德娜的子女之一。它還有一個兄弟，是守護金羊毛的龍。

盎格魯撒克遜神話龍

凱爾特與盎格魯－撒克遜文化中的龍最早可見於英雄敍事長詩《貝奧武夫》中的描寫。《貝奧武夫》是以古英語記載的傳說故事，其中英雄主角貝奧武夫在殺死了海怪格蘭德爾和它的母親後，成爲了耶阿特的國王。他賢明地統治了五十年後，另一隻怪獸出現了，這是一頭會噴火的龍。一個逃奴偸走了它看守的寶藏中的一個金杯獻給他的奴隸主，希望與後者修復關係。火龍發現杯子丟失後大發雷霆，沖入耶阿特王國四處破壞。後來貝奧武夫與龍搏鬥，兩敗俱亡。

《貝奧武夫》的龍大抵是日後主流西方龍的原型：喜歡囤積並看守寶物、好奇心重、好報復、會噴火，牙齒中含有致死的毒液。《貝奧武夫》的龍是非理性的，它的行爲受自身的慾望支配。詩中著重描寫了它對財寶的看重。它不會說話，也聽不懂人類的語言，甚至見到貝奧武夫時顯露出震驚與害怕。外觀上，龍的身形修長，牙齒尖利，能夠飛行。

西方龍喜歡囤積看守寶物的形象深入民心。

凱爾特神話威爾斯龍

在十二世紀開始流傳的亞瑟王傳奇中，提到佛提剛王（King Vortigern）想要建一座城堡，然而建造時，工匠們發現白天建到一半的牆總會在夜裡倒塌。於是國王召集占星術士和巫師來解決他的疑惑。巫師告訴國王，需要用處女之子的血灑在地上，才能使城堡建成。國王最後找到這樣的孩子，就是梅林。梅林將這種辦法斥爲謊言，並告訴國王，城堡的地基之下有一個湖，湖底有兩條沉睡的巨龍。國王發掘出地湖後抽乾池水，果然發現一條紅龍與一條白龍。這時兩龍甦醒，開始相互爭鬥。白龍一開始占據上風，而紅龍奮起反擊，最後將白龍驅走。梅林解釋說，紅龍代表佛提剛王的子民英格魯民族，而白龍代表撒克遜民族。英格魯民族會首先被撒克遜民族侵略，而後浴血反抗，最後趕走撒克遜人。這個故事最早記載在9世紀的《歷史上的不列顛》中，其中佛提剛王的領土就是現在的威爾斯。

而在都鐸王朝的亨利七世後，紅龍成爲了他的標誌，出現在紋章與旗幟中，慢慢成爲了威爾斯的象徵。

威爾斯紅龍出現在旗幟裡。

根據種種傳說，筆者製作了兩張比較表，雖然此表仍很粗略，旨在更清晰地引發思考：看見如此多的共同特徵分佈，你是否仍堅信「一切只是巧合」？

「龍」的特徵

龍/特徵	有角	蛇身	獸身	水生/入水	飛翔	出處
中華龍	●	●		●	●	典籍眾多
麒麟	●		●		●	明代沈德符龍淫説**
應龍		●		●	●	《山海經》、《述異記》、《淮南子》
紅龍 Great red dragon	●	●			●	啟示錄
怒蛇 Mušḫuššu	●		●			巴比倫城伊什塔爾城門（浮雕）
貝奧武夫之龍			●			北歐盎格魯-撒克遜詩篇《貝奧武夫》
米蘭之蛇 Biscione	●	●				米蘭市徽 又稱龍形蛇
法夫尼爾 Fafnir			●			北歐神話
威爾士紅龍/白龍			●	●	●	威爾士《不列顛王列傳》亞瑟王傳奇
利維坦 Leviathan		●		●		《以賽亞書》：「曲行的蛇」 烏加里特史詩：「纏繞之蛇」
皮拉圖斯龍 Pilatus Dragon	●	●		●	●	瑞士傳說
庫雷布雷 Cuélebre	●	●			●	西班牙阿斯圖里亞斯、坎塔布里亞地區傳說
羽蛇神 Kukulkan		●			●	墨西哥-阿茲特克

龍/特徵	有鱗	有翼	虎(獅)掌／鷹爪	噴火	有毒	出處
中華龍	●		●	●	●	典籍眾多
麒麟	●			●		明代沈德符龍淫說**
應龍	●	●	●			《山海經》、《述異記》、《淮南子》
紅龍 Great red dragon		●				啟示錄
怒蛇 Mušḫuššu	●		●			巴比倫城伊什塔爾城門（浮雕）
貝奧武夫之龍				●	●	北歐盎格魯-撒克遜詩篇《貝奧武夫》
米蘭之蛇 Biscione					●	米蘭市徽又稱龍形蛇
法夫尼爾 Fafnir	●				●	北歐神話
威爾士紅龍/白龍		●				威爾士《不列顛王列傳》亞瑟王傳奇
利維坦 Leviathan	●			●		《以賽亞書》：「曲行的蛇」烏加里特史詩：「纏繞之蛇」
皮拉圖斯龍 Pilatus Dragon	●	●		●	●	瑞士傳說
庫雷布雷 Cuélebre	●	●			●	西班牙阿斯圖里亞斯、坎塔布里亞地區傳說
羽蛇神 Kukulkan		●				墨西哥-阿茲特克

這裡先補充一點：爲何筆者把麒麟歸類爲龍族？

我認爲，「龍」只是一個泛稱，不同民族操不同語言，見到相類的事物(或接觸到這種文化)，難免賦與不同的稱呼。

故此，中國有麒麟，亦不妨視爲獸形的龍。麒麟是中國古代神話傳說中的神獸，常與龍馬混淆。公獸爲麒，母獸爲麟，據說能活兩千年。性情溫和，身上雖有可攻擊敵人的武器，但不傷人畜，不踐踏昆蟲花草，故稱爲仁獸。

麒麟的首似龍(《麒麟賦》:霞明龍首)，形如馬，狀比鹿，尾若牛尾，背上有五彩毛紋，腹部有黃色毛。麒有角，其中一角生肉，麟無角，口能吐火，聲音如雷。(留意「口能吐火」此特徵；至於聲音如雷，容後再談)

明代沈德符說：「龍極淫，遇牝必交。如得牛則生麟，得豕則生像，得馬則生龍駒，得雉則結卵成蛟，最爲大地災害。」原來麒麟可能由龍雜交而來，怪不得。(雖然未知何以牠不列於「龍生九子」之列)

而根據新巴比倫時期建造的巴比倫城伊絲塔城門(公元前6世紀)上的浮雕顯示，有一種叫怒蛇的「龍」，形象近似麒麟，其頭部、頸部和軀幹都覆蓋著蛇鱗，前足爲獅足，後足爲鷹爪；頭頂長角，尾部有蠍尾針。

大海蛇傳說——龍的隱密身世

大蛇家族：緹亞瑪特、那迦、阿難陀、利維坦Leviathan、虺、米蘭之蛇Biscione、波斯龍、中華龍、螭龍、蟠龍、虺龍、蛟龍

古人說：龍蛇混雜，比喻愚賢不一的人混在一起，以龍喻賢人，以蛇喻劣徒，顯然龍與蛇並非處於同等地位。

但研究龍的人往往發現，龍與蛇，實在有太多千絲萬縷的關係。龍與蛇，能清楚區分的情況固不在少，但也不時出現混同狀況，眞眞正正的「龍蛇混雜」。

龍，其實是一種「國際現象」，古今中外的龍似乎都身具若干共性。本書第四章首幾節，筆者把全球廣義上的「龍」，粗分爲「蛇身」、「蛇身+翼」、「獸身」來加以比較，指出龍並非如一般所認知般中華龍是蛇狀，西方龍是大蜥蜴如此單純。

其中，龍擁有蛇的軀幹，是最爲明顯的特性。在《民俗神話和傳說標準詞典》的「龍」條目如此說：「所有的龍都有蛇或鱷魚作爲解剖學的基礎」。（對於鱷魚原形說，筆者持極度質疑的立場，容後再談。）

早年的學者如聞一多，朱芳圃等人認爲，龍像「巴蛇」（即大蛇）之形，龍就是蛇的變形。雖然筆者質疑聞一多的「圖騰綜合說」，但他對於龍具巴蛇之形的觀察，還是值得探討的。

原初之蛇與龍的關係

在本書〈原初之蛇與永生之秘〉一文中，筆者介紹了美索不達米亞神話的「緹亞瑪特」的形象之一，是一條大蛇，但如果你翻查現今的資料，不論英文或華文，均會把緹亞瑪特歸類爲「龍」。你可能奇怪，既然牠是蛇，爲什麼又要把牠當作龍？

在美索不達米亞神話中，龍的形象可以追溯到《恩基與世界秩序》以及《創世史詩》(Enuma Elish)，其中提到緹亞瑪特是「怪獸」(mušḫuššu)。mušḫuššu的字面意思是「可怕的蛇形生物」，但有趣的是，在文物畫像上，mušḫuššu 通常被描繪爲一種混合生物，具有以下特徵：蛇的頭部和長頸、龍的身體、鳥的爪子、龍形尾巴。

其實，大蛇與mušḫuššu只是創世神緹亞瑪特的其一形象，牠的另一形像是獅頭獅身鷹翅的生物。不少研究者均認爲這種混合生物是後世「西方龍」的源頭之一。由此，我們不妨理解：無論西方龍抑或東方龍，古源皆有兩重屬性：大蛇或混合獸。大蛇形象主要在東方保留下來，變成如今的中華龍等形象(中華龍雖然都是混合獸，卻明顯以蛇身爲主軸)，而混合獸形象慢慢變成現今的西方龍。

語言學者指出，西方「Dragon」一詞源自古希臘語δράκων (drákōn)，意爲「巨蛇」或「注視」。它來自動詞 δέρκομαι (dérkomai)，意爲「注視」或「凝視」，強調這種生物炯炯有神的眼睛。

後來，希臘的「drákōn」被羅馬文化採用，轉化爲拉丁語 draco，成爲中世紀歐洲使用的「dragon」的來源詞。至於英語中的「dragon」來自中古英語，經由古法語(dragoun)傳入。法語詞根源於拉丁語「draco」。足見「西方龍」的原形，與蛇有莫大關連。

大蛇與龍的千絲萬縷

世上許多有關「大蛇」的神話和傳說，均與中國的龍，有頗多可以對應之處。

印度的那迦，（漢文譯爲「龍王」），其實是蛇的發展和變形。相傳那伽有上千種之多，其形之一是人首蛇身，頭戴珠寶。這恰恰與上古華夏伏羲與女媧的造形如出一轍。那伽的特性是能用法術，善變化，有致命毒液，懂長生之術，

印度神話中還有一條「宇宙蛇」阿難陀（又稱舍沙，Ananda-sesa），意爲無限，牠有七顆或千顆頭，可噴火及噴播毒液（請參看眞龍傳說5，噴火噴毒是全球龍的特異功能，中國龍也不例外）。牠躺在宇宙底部的孕誕之洋，有如世界般龐大，一打呵欠就地動山搖，被大神拿牠當繩子去作攪拌乳海。

在西方，著名巨獸「利維坦」（Leviathan），亦是海中巨蛇的典型。早於1874年，施約瑟翻譯的舊約全書把Leviathan譯爲利未雅坦，其後的聖經和合本則譯爲鱷魚，現今和合本修訂版譯爲力威亞探，天主教聖經思高譯本譯爲里外雅堂，是《希伯來聖經》的一種怪物。

《以賽亞書》描述利維坦爲「曲行的蛇」，烏加里特史詩則記載利維坦爲利坦（Litan），並形容其爲「纏繞之蛇」。後世每提到這個詞語，都指來自海中的巨大怪獸，而且大多呈大海蛇形態。

《希伯來聖經》裡的利維坦，是一頭強到足以與撒旦相提並論的強大怪獸，其形象亦與《以賽亞書》中的海怪「拉哈比」（Rahab）十分相似，類似形象的生物在聖經中尚有許多，相信都是利維坦的形象來源。

《約伯記》(第41章)中提到，利維坦是一頭巨大的生物。牠暢泳於大海之時，波濤亦爲之逆流。牠口中噴著火燄，鼻子冒出煙霧，擁有銳利的牙齒，身體好像包裹著鎧甲般堅固。性格冷酷無情，暴戾好殺，牠在海洋之中尋找獵物，令四周生物聞之色變。(筆者按：又是口中噴火。)

利維坦經常被考證爲鱷魚(和合本)，但也有解經者認爲，詩篇七十四14說利維坦有幾個頭(「頭」在原文是複數)，以及本章19～21節說牠呼出煙火，足見鱷魚的說法難以成立。

西方畫家畫利維坦時，經常把牠描繪爲一條大海蛇，如德國畫家Paul Gustave Dore。

德國畫家Paul Gustave Dore所繪的利維坦

歐洲各語言中，無論是屬於拉丁語族的義大利語、西班牙語、法語，還是屬於日耳曼語族的德語、丹麥語等語言中，「龍」一詞都有著類似的詞根。英語中的「dragon」一詞的使用可追溯到公元13世紀，與法語中的「dragon」一詞一樣，來源於古法語中的「dragon」。後者則源自拉丁語中的「draconem」(主格：draco)，而「draco」一詞則是源自古希臘語中「drakōn」(δρ κων，所有格：δράκοντο ς drákontos)。在拉丁語中，「draconem」也可以指巨大的蛇，而在古希臘語中，「drakon」則指巨大的海蛇或海中怪獸。

在聖經裡，但的父親雅各臨終前的預言是:「但必判斷他的民，作以色列支派之一。但必作道上的蛇，路中的虺(音灰)，咬傷馬蹄，使騎馬的向後墜落。」(創世紀49:16-17)。虺，在英語聖經裡，是"the horned sake",即是長角的蛇。

另外，在一本13世紀以阿拉伯文寫成的動物誌《心之歡愉》(Nuzhatu-I-QuIUb, Hearts Delight)裡提到，當蛇遇到特定際會，則變成龍。請留意這與中國「魚躍龍門」之說有異曲同工之處。

看到這裡，你可能不以爲然：中華龍，不是懂得飛嗎？爲何要與稱霸海中的大蛇混爲一談？

原來，飛龍在天，只是龍的一種形態。按文獻分類，幼年、沒有角、未升天的龍，均是長居水中翻風作浪，其造形與能力，與上文所述的大海蛇，根本沒有太大差異！

螭龍、蟠龍、虺龍、蛟龍與大海蛇的關係

其實，中華龍不一定懂得飛。長居海裡的「龍」之造形與能力，與

西方的大海蛇，甚可能如有雷同，並非巧合。

三國時期《廣雅》明言：「有鱗曰蛟龍，有翼曰應龍，有角曰虯龍，無角曰螭龍，未升天曰蟠龍。」(《楚辭·天問》：「焉有虬龍，負熊以游?」王逸註：「有角曰龍，無角曰虯，與《廣雅》記述不一，一般以有角曰龍較常見。)

蟠龍，指蟄伏在地而未升天之龍，藝術上多作盤曲環繞造形。《太平御覽》形容：「蟠龍，身長四丈，青黑色，赤帶如錦文，常隨水而下，入于海。有毒，傷人即死。」至於螭，亦可指雌性龍，《漢書.司馬相如傳》有「赤螭，雌龍也」的注釋。

至於蛟龍，宋彭乘《墨客揮犀》說：「蛟之狀如蛇，其首如虎，長者至數丈，多居於溪潭石穴下，聲如牛鳴。倘蛟看見岸邊或溪谷之行人，即以口中之腥涎繞之，使人墜水，即於腋下吮其血，直至血盡方止。岸人和舟人常遭其患。」著名的民間故事「周處除三害」，蛟龍便是三害之一。

周處除蛟龍圖

順帶一提虺，「虺五百年化為蛟，蛟千年化為龍」，是龍的幼年期。

綜合上述資料，我們可見到，蟠龍、螭龍、蛟龍等，莫不居於水裡，不懂得飛！

中國龍的一項主要能力是司水佈雨，堪稱一種「屬水」的生物。東周管仲所著的《管子·水地》說：「龍生于水，被五色而遊，故神。欲小則如蠶蠋，欲大則藏于天下，欲上則淩于雲氣，欲下則入于深泉，變化無日，上下無時，謂之神。」

為什麼有些龍不會飛，有些龍則會？關鍵在於頭上有沒有「尺木」（龍角）。有龍角的，才能升天。

李時珍《本草綱目》卷四三：「《爾雅翼》云：『龍者，鱗蟲之長。』王符言其形有九似：眼似兔，角似鹿，嘴似牛，頭似駝，身似蛇，腹似蜃，鱗似魚，爪似鷹，掌似虎。背有八十一鱗，具九九陽數。聲如戛銅盤。口有鬚髯，頷有明珠，喉有逆鱗。頭有博山。又名尺木。龍無尺木，不能升天。呵氣成雲。既能變水，又能變火。」

試想想，一條身軀極長，頭上無角，不懂飛天，在水中翻騰作浪，不正正是一條大海蛇嗎？

如果有人堅持龍是龍，蛇是蛇，不應混為一談的話，以下有一則小佐證。

在《山海經》中，我們不斷見到有神人乘兩龍的記載，如句芒乘兩龍、冰琴乘兩龍、夏后啟乘兩龍、祝融乘兩龍、蓐收乘兩龍等，獨獨在《山海經·海外北經》，出現禺彊乘兩蛇的案例：「北方禺彊，人面鳥身，珥兩青蛇，踐兩青蛇。」，其行文格式，與乘兩龍的段落，非常肖似。再者，古時為山海經繪圖的畫師，卻把這兩青蛇，畫成龍的模樣。看來，古時的人心中，龍蛇之別，並不如想像中大。

綜合本文上、下兩篇，龍／大海蛇有相當多的共通點：

· 蟠龍、蛟龍，印度阿難陀Ananda-sesa、利維坦Leviathan，居於水裡，體型龐大，力量也巨大。
· 正統意義的中華龍本身既能變水，又能變火；印度神話宇宙蛇阿難陀懂放火噴毒；利維坦口中噴著火燄；蟠龍有毒。
· 沒有「龍角」的中華龍不懂飛天。這與英語聖經裡的虺，是"the horned sake",亦即長角的蛇，正好作一對比。
· 那伽與伏羲、女媧，同樣可呈人面蛇身。

從神話、古籍中尋找海龍／大海蛇之蹤跡，未免枯燥，如果世上眞正存在大海蛇，那麼歷史中有否目擊個案？

答案是：有，而且非常多。當然，懷疑論者、證據主義至上者大可對這些證詞存疑，畢竟一日不見屍體，一日大海蛇之說仍猶如鏡花水月。但此等紀錄至少證明：對水裡有蛇形巨獸，不僅是古代中國人的無聊幻想，如果這是「眼花」錯覺，原來古今中外無數人曾經一起眼花，這個都市傳聞的規模未免太龐大了。

大海蛇目擊個案

1826年6月16日傍晚6點半，一艘駛離加拿大新斯科細亞省南部聖喬治灣的客輪「席拉絲理察斯」，船長與一名英國籍乘客目擊一頭碩大無比，有多處峰背的蛇形生物正緩緩地游向客輪。

1555年，烏普薩拉大主教歐勞斯·馬各紐斯在著作中記下：水手離開挪威海岸時經常看見一頭海蛇，體積龐大，有二百呎長，超過二十呎厚。這頭怪物棲息在沿岸的洞穴中，吞噬陸上和海中的生物。

1674年出版的《新英格蘭二度航行記》(An Account of Two Voyages in New England)記載了麻薩諸塞州殖民地原住民的證供：「他們告訴我有隻大海蛇之類的蛇,經常盤繞在安角(Cape Ann)的一塊岩石上。」

1780年5月，驅逐艦「波士頓號」停泊於緬因州外海的寬灣裡，船長目擊一頭大海蛇或是怪物之類的東西，正沿著海灣游下去。民兵準備射擊之前，大海蛇早已潛入水中。牠的長度至少在四十五至五十尺間,依船長的判斷牠身體最粗部位的直徑有十五吋，光是頭就有一個成年人的大小，形貌和常見的黑蛇沒有兩樣。之後幾十年間也有零星的目擊傳聞。直至19世紀，這條(或不止一條?)新英格蘭海大海蛇成爲國際著名事件，一連好幾年從波士頓往北到麻薩諸塞州東北邊的安角之間，有無數目擊者看見這頭怪獸。

1817年8月19日，新英格蘭的林奈學社邀請了一名法官、一名醫生及一名自然科學家爲大海蛇作調查。從他們收集的證詞，拼湊出怪物的模樣：一種龐大的蛇形生物，背部有腫塊，以垂直起伏的方式移動。

1848年8月6日，護衛艦「泰達路斯」從好望角返回英國，船長和全體船員目擊大海蛇。船長彼得麥奎海致函英國海軍部交待事件，後來該信被刊登在《泰晤士報》。信中提及那龐大的蛇，頭和肩始終保持在海平面上四英呎的高度，船員以最大的中桅帆和牠作比較，量出大海蛇長度至少有六十呎。海蛇頭部以後的軀體直徑大約是十五或十六吋，牠的頭亮無疑問是顆蛇頭。整整二十分鐘內海蛇頭始終在望遠鏡的視線之內，只有一次潛到海面下。牠的體色是暗棕色，喉嚨附近是黃白色，沒有鰭，但船長看見其背上沖刷著一束像是馬的鬃毛或海草之類的東西。看見牠的包括船長、軍需官、水手長的助手、舵手及其他軍官。

1933年，加拿大英屬哥倫比亞省沿岸爆發一連串大海蛇目擊事件。後來該海怪被命名爲卡布羅龍(Cadborosaurus)。

1982年春夏季，奇瑟比克灣亦出現大量目擊事件，這大海蛇被命名爲切西(Chessie)。

歷來有無數大海蛇目擊個案。

「國際神秘動物學協會」(ISC)主席伯納德霍伊維爾曼在他的著作《喚醒大海蛇》中，鉅細無遺引用自1966年起的587宗大海蛇目擊報告，他判定其中358件是眞實案例，並發現口供中反覆出現一些異常特徵，包括：

1.長頸
2.像海馬（漂浮的鬃毛、長度中至長的頸部、大瞳孔、臉部有毛髮或鬢角）
3.多峰背（背上有隆起的腫塊）
4.多鰭
5.像超大水獺
6.像超大海鰻。

值得留意的是，大海蛇的特徵，除了身如長蛇外，亦有其他部位與中華龍頗堪一比，例如有目擊者形容見到「馬頭」，而中華龍有「頭似駝」之說；大海蛇背上有鬃毛，中華龍亦有「獅鬃」；兩者同樣「多鰭」。看來來彼此難兄難弟，應該頗爲肖似。

我們難以核查多少個案屬於騙局，多少是惡作劇，多少是「幻覺」看錯了。如同尼斯湖水怪一般，無數愛好者、專家企圖解開謎團，結果只是帶來更多謎團，慢慢演變成一種「信者恆信」的另類宗教。

如果你問我，筆者態度存疑，因不清楚生物學上大海蛇的結構是否成立，但傾向「有亦不足爲奇」，畢竟汪洋之大，仍有極多地方人類根本不曾探索過。

飛龍在天之如龍添翼

易卦曰：飛龍在天。中華龍懂得騰雲駕霧御風而行，無須像西方龍般靠拍翼飛翔，這是大多數人的印象。正如金庸在《鹿鼎記》描寫：

「韋小寶笑道：『皇上神機妙算，本來就算沒神武大炮，吳三桂這老小子也是手到擒來。只不過有了神武大炮，那是更加如……如……如龍添翼了。』他本要說『如虎添翼』，但轉念一想，以皇帝比作老虎，可不大恭敬。康熙笑道：『你這句話太沒學問。飛龍在天，又用得著甚麼翼？』」

康熙（金庸）有所不知，或者知但有所忽略，龍家族確有成員「如龍添翼」，而且名聲顯赫，並非冷門小嘍囉，牠便是「應龍」。

西方龍貝隆 (Pierre Belon) (巴黎，1588)

緹亞瑪特與太陽神。出土於尼姆魯德一座小神殿的淺浮雕。緹亞瑪特有兩個形象，一是大蛇，二是圖中的獅頭獅身鷹爪有翅膀的造形。後者的形象可能演變爲後來的西方龍。

有翼的中華龍

應龍的形象，三國時期的《廣雅》簡單概括如下：「有鱗曰蛟龍，有翼曰應龍，有角曰虬龍，無角曰螭龍。」簡單來說，長翅膀的龍便稱應龍。

有翼曰應龍。唐墓石刻龍臨摹畫。

上一節筆者提及了虺、蟠龍、螭龍、蛟龍等不懂飛翔的龍，言之未盡的，原來這幾種龍只須潛修日久，便能一飛沖天，化爲應龍。南朝梁任昉所著的『述異記』說：「虺五百年化爲蛟，蛟千年化爲龍，龍五百年而爲角龍，又千年爲應龍。」

《山海經》的應龍

應龍在中華神話（歷史!?）中身影處處，功績甚大。遠至上古時，女媧補天後朝見天帝，所乘的就是應龍（《淮南子·覽冥篇》：乘雷車，服駕應龍）；關乎民生者，應龍又助大禹治水，相傳應龍以尾畫地成江河使水入海。（《太平廣記》：禹治水，應龍以尾畫地，導決水之所出）。足見牠絕非「二打六」，但於大衆的認知中，應龍彷彿寂寂無聞，究竟箇中原因爲何？

本來，應龍堪稱軍功顯赫。在黃帝決戰蚩尤一役，把蚩尤和巨人夸父解決掉的，便是應龍（《山海經·大荒北經》記：應龍已殺蚩尤，又殺夸父）。故事是這樣的：話說雙方相持不下，蚩尤作大霧困擾敵方，黃帝心想，蚩尤能作大霧，我軍何不派應龍下大雨驅霧？於是應龍接令出陣。哪知應龍還未下大雨，蚩尤便請來風伯和雨師，先下手爲強，刮起狂風暴雨，令黃帝的軍隊四散潰逃。

應龍明明吃了敗仗，何以說牠殺了蚩尤？故事的另一版本，同樣記載於山海經內：原來黃帝見應龍不濟事，遂派女兒「魃」參戰。魃發出高熱，破了風伯雨師的術，挽回一城。不知何故，有些文獻卻把蚩尤與夸父之死，算到應龍頭上。很不幸，應龍奮勇上陣，卻不知因殺敵積累邪氣，抑或吃敗仗被罰，總之後來不得復歸天界。(《山海經·大荒東經》:應龍出南極，殺蚩尤與夸父，不得復上。)究竟牠往哪裡去了？

中南美洲的羽蛇神

在太平洋的另一端，中南美洲地區，有一造形與應龍甚爲相似的神獸／神祇，受到萬民膜拜，牠就是羽蛇神「魁札爾科亞特爾」(Quetzalcoatl)。羽蛇神的原文由兩個詞組合而成，「魁札爾(Quetzal)」指的是鳥，表示上天和精神；「科亞特爾」(coatl)的本義是蛇，表示大地和物質力量。與應龍相比，一樣擁有長長的蛇軀／龍身，加上猶如鷹隼般的羽翼，兩者似乎大有血緣關係。

中南美洲的古文明普遍相仰羽蛇神，儘管名稱不一，瑪雅文化裡，牠叫庫庫爾坎Kukulkan；印加文化裡，牠叫維拉科查(Viracocha)或帕洽卡馬克(Pachacámac)；7-12世紀的托爾特克帝國　及14-16世紀的阿茲特克帝國稱牠爲魁札爾科亞特爾(Quetzalcoatl)，但基本上均指涉同一神祇。

大體而言，羽蛇神既是創世神，亦掌管學問、工藝、農耕、科學、風的運行，基本上中南美洲的古文明皆把羽蛇神當作主神加以崇拜，但奇怪的是，在這些古文明的傳說裡，羽蛇神是外來神祇，相傳此神通曉所有魔法的奧秘，遠洋抵境傳授各式各樣的技術，如教人量度時間和觀測星晨，提高了當地文明的層次。而這名神祇雖屬外來者，但並未受當地「本土派」排斥，反而奉爲上神，譬如著名的墨西哥的契琴伊薩金字塔，就是爲了紀念羽蛇神而興建。

這名遠洋而來的羽蛇，與在中華吃了敗仗有家歸不得的應龍，會否有什麼對應關係??

看到此，你可能認爲，把天南地北的羽蛇神及應龍拉爲一談，未免太牽強。然而除了造形肖似外，有一派學說聲稱，中美洲的文化，乃由華夏的殷商末代傳過去的，眞是信不信由你。

羽蛇神「魁札爾科亞特爾」。

古埃及的有翼蛇

除了中華、美洲不約而同出現「翼」+「蛇/龍」的異獸形象，另一個古文明──埃及，同樣可找到形象類近的神祇。首先是蛇神瓦吉特/艾德喬(Wadjet/Edjo)，牠有時單純以蛇(埃及眼鏡蛇)的形象現身，有時則是擁有鷹翼的蛇。究竟這種「鷹蛇合形」，在埃及文化中有什麼含意？

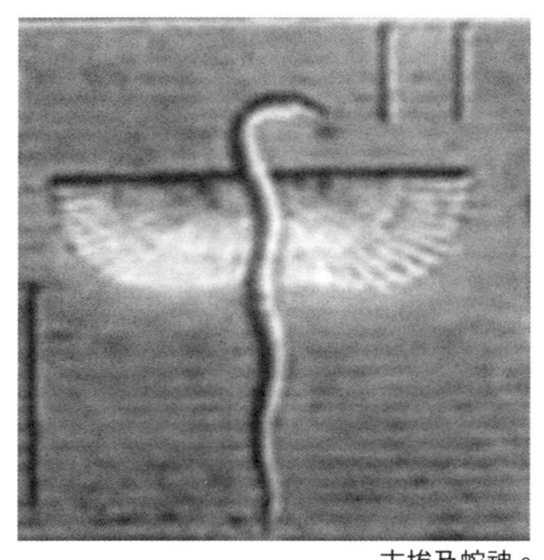

古埃及蛇神。

不妨看一看古埃及初期王國時代的「蛇王碑」(Stela of King Djet，3000 B.C.)，上方刻了一隻老鷹，以側面之姿站立，普遍解釋爲代表保護王室的太陽神荷魯斯；而下方圓柱象徵國王的宮殿，柱子上端有一條蛇，學者認爲代表王朝的國王。雖然此碑的鷹、蛇並未合一，但在太陽神「拉」的神話中，可以探索內裡意涵。

古埃及太陽神巡游冥界故事裡，太陽神拉的形像是頭頂由眼鏡蛇盤繞的鷹頭。話說Ra每天巡游冥界，須經過被噴火巨蛇把守的12道關卡，其中最危險的第七道是由巨蛇阿波菲斯控制，阿波菲斯爲阻止太陽神前進而飲乾地下尼羅河的河水。保護拉的是一位女蛇神，拉強迫手手阿波菲斯吐出河水並殺死了它。後來阿波菲斯復活，並埋伏在路上攻擊太陽神，拉於是將太陽眼化爲一條豎起的眼鏡蛇以保護自己。從此祂的鷹頭便由眼鏡蛇盤繞。從上述故事中，可見到鷹蛇合一的神話藍本。

世上存在「眞龍」嗎？——馴龍乘龍的記載

小時候學成語，相信好多人也聽過「葉公好龍」的故事。話說楚人葉子高甚喜歡龍，天龍知道了，專程到葉公家的窗口窺視。葉公見了眞龍，卻嚇到面無人色。

特以此成語自警與自嘲，如果有朝一日一條活生生的龍出現在眼前，希望在下不會嚇到面如死灰、屁滾尿流。因爲來到本篇，筆者想探討的是：世上眞的有龍嗎？

武士騎龍，並非西方專利。圖爲洛陽發現西漢墓壁畫，描繪的是騎龍的武士。

春秋時的馴龍族人

動畫電影《馴龍記》裡，身爲維京人的主角本來志願爲屠龍好手，但機緣巧合下捕捉了一條龍，人龍之間建立起友誼，他從此明白殺龍並不可取，馴龍是可取之道。

別以爲馴龍此概念只出於幻想作品。華夏古時，明文記載古人馴龍！春秋時《左傳》記載了魏獻子和蔡墨的對話。蔡墨提到，帝舜在位時，一位叫董父的人，因善於馴龍，其族賜名「豢龍氏」；到了夏朝，劉累善於養龍，其族賜名「御龍氏」。他還引《周易》指出，龍在古時想必甚爲常見，若不是古人與龍朝夕相見，怎能有如此細緻的描寫？

魏獻子提出疑問：那爲何現時已見不到龍呢？

蔡墨回答：因爲昔日負責馴龍的官職已遭廢棄，龍難以生存。

我們不妨看看《竹書紀年·太昊庖羲氏》，這本書稱太昊伏羲氏「命朱襄爲飛龍氏，造書契；昊英爲潛龍氏，造甲歷；大庭爲居龍氏，造屋廬。渾沌爲降龍氏，驅民害；陰康爲土龍氏，治田里；栗陸爲水龍氏，繁滋草木，疏導泉流」；「以春官爲青龍氏，夏官爲赤龍氏，秋官爲白龍氏，冬官爲黑龍氏，中官爲黃龍氏，是謂龍師而龍名」。

可見伏羲族與龍的關係何等密切，說不定當時龍仍未滅絕,伏羲族便是專門養龍的專家。

《遁甲開山圖》更爲後世留下了養龍的「農場」所在：「絳北有陽石山，中有神龍池。黃帝時，遣雲陽先生養龍于此，爲曆代養龍之處。」

於戰國時期的青銅器物，專家赫然發現了古人馴龍的圖像。日本學者梅原末治在一件戰國時期的蟠螭拳龍紋青銅卣，見到有人執鞭御龍。

戰國青銅卣執鞭御龍臨摹畫。

如何馴龍

那麼，「龍」該如何馴養？《列仙傳》如是說：

「騎龍者，於池中求得龍子，狀如守宮，十餘頭，結廬而守養之，龍大稍去。後五十餘年，水壞其廬。一旦，騎龍來。」

原來龍可結廬而養，而且還懂得報恩。

「馬師皇黃帝馬醫。有龍下，垂耳張口，師皇針其唇，飲以甘草湯而愈。後一旦負皇而去。」

有條龍受傷了，幸得師皇以針藥治好，龍便背負起恩人離去。

龍帶人往哪裡去？這令人聯想起黃帝乘龍升天。《史記‧封禪書》記載：

「黃帝採首山銅，鑄鼎於荊山下，鼎既成，有龍垂鬍鬚下迎黃帝。黃帝上騎，群臣後宮從上者七十餘人，龍乃上去。余小臣不得上，乃悉持龍鬚，龍鬚拔，墮黃帝之弓。百姓仰望黃帝既上天，乃抱其弓與龍鬍鬚號。」

乘龍的南方祝融

原來，龍除了可馴養，還可用來當作座騎！

我們再看看《山海經》，不難發現但凡有一定身份的重要人物，出入皆要乘龍：

《海外南經》：「南方祝融，獸身人面，乘兩龍。」

《海外西經》：「大樂之野，夏後啓，于此舞九代；乘兩龍，雲蓋三層。左手操翳，右手操環，佩玉璜。」

《海外西經》：「西方蓐收，左耳有蛇，乘兩龍。」

《海外東經》：「東方句芒，鳥身人面，乘兩龍。」

《海內北經》：「縱極之淵，……冰夷人面，乘兩龍。」

《大荒西經》：「西南海之外，赤水之南，流沙之西，有人珥兩青蛇，乘兩龍，名曰夏后開。」

《海外南經》：「北方禺彊，人面鳥身，踐兩青蛇。」(郭璞注)：「北方禺疆，黑身手足，乘兩龍。」

各種龍的原型理論

在學術界，「龍」是幻想出來的文化產物，對學者專家來說，這幾乎是無可置疑的共識(你很難找到主流學者提出太石破天驚的理論)。而中國學術界更公認：現今我們看見的中國龍造形，大體上晚至宋朝才成形。那麼，中華龍的實質、龍神話的起源，又是什麼？

曾經何時，中華龍由不同民族的圖騰綜合而來的「圖騰說」，是知識份子的「常識」。北宋時，有人提出一種畫龍的規範，指龍「其角似鹿、頭似駝、眼似鬼、項似蛇、腹似蜃、鱗似魚、爪似鷹、掌似虎、耳似牛」，這則「龍有九似」的傳統，曾令圖騰說一度佔盡上風。

可是這學說其實頗爲牽強，連內行的專家大多也不滿此說，故數十年來陸續有人提出龍是馬、龍是鱷魚、龍是蜥蜴、龍出於閃電等等等等，種種答案，看來各有道理，但往往互相矛盾。

於是乎，1999年8月下旬，在上海炎黃文化研究會舉辦的「龍文化與民族精神」學術研討會上，學者綜合了五種較具代表性的說法：

揚子鱷說：早期龍形象多爲巨頭寬吻，身上有方形紋理，同揚子鱷的生理特點一致。

蜥蜴說：強調龍的再生和富於變化的特點。

祖型多元說：有魚龍、鱷龍、豬龍、馬龍、牛龍、雷龍、雲龍、龜龍。

歷史形態說：主張不同的龍形象屬於不同時代。

心理結構模式說：龍的原型是一種狀態，一種意象，由人類早年的記憶積澱而成。

探討龍是鱷魚說

這些研討會，大家灌水吃飯，最後當然沒有結論，公說公有理。當然，發展下來，總有一兩個學說較易爲人接受，稍爲多人提及，便漸成爲主流。其中隱然在學術界跑出的，便是「鱷魚說」。

譬如何新在《龍的研究》裡，從文字學、音韻學、文物，結論是食人巨鱷（灣鱷），但更多學者認同是揚子鱷。他們的理據何在？

原來，揚子鱷有秋天隱匿，春天複醒的冬眠習慣，故此牠常於雷雨交加之際出現。古人每見揚子鱷與雷雨同時出現，雨下自空中，因此想象它能飛翔。另外，部份學者認爲，早期龍形象多爲巨頭寬吻，身上有方形紋理，同揚子鱷的生理特點一致：

1、披滿鱗甲的身軀。

2、長顎大口和位於頭頂的翹鼻。

3、鋒芒畢現的錐型尖牙。

4、大而圓的突起眼睛。

5、粗壯的長尾。

6、強健的四肢和五指利爪。

7、有橫條紋的腹部。

有些學者更嘗試從音韻學、語言學中尋找答案：

例如刑公畹認爲，台語「龍」實際上是漢語「鱷」字的同源詞；又例如黃博全《龍圖騰複音語》說：在「龍圖騰與複音語的研究系列」中我已充分證明上古人本操「複音語」、奉「龍」爲「圖騰」，龍卽是「鱷」。

他的理論如下：上古人本操複音語、奉龍爲圖騰，龍卽是鱷。相傳女媧摶黃土造人，實卽最原始的圖騰名，女媧音叶嘔(小兒語也)、弄瓦(生女)、黎元(百姓)、你我、龍吟、李耳(虎也)、蠑螈(蜥蜴)、螻蟻、鵜鶘、凌雲、老鷹，倒裝爲臥龍、應龍、嫛婗(人始生)、吾儂、蚴蟉(龍貌)、蚵蠪(蜥蜴)、嬰蜺(蟲名)、膃肭(海狗)、、鷗鷺、幽靈、魍魎等，分化出鱷、龍兩音。

是否看得一頭暮水呢？人是很易被「專家」所「拋窒」(唬倒)，當一大堆術語撲面而來，難辨眞僞下一般人往往傾向相信。這裡筆者亦無意細辨箇中是非，只想說，這類音韻遊戲，不同專家去操弄，經常得出不同結論。

例如王小盾在《中國早期思想與符號研究》提出：

上古漢語中，「龍」字的讀音與藏語一致，古漢語龍字的詞根是「rong」，從它的諧聲情況看，聲母應當有兩個：b-和g-，所以上古「龍」字可以擬音爲「brong」，和傣語的「龍」讀音正好相同。如擬音爲「grong」，這又和苗語「龍」的讀音相同。與此對應，藏語「龍」也有兩讀，一讀爲「brug」，一讀爲「glu」，正好與上古漢語「龍」的兩種讀音分別符合」。

這兩種讀音，反映了龍的兩種形態：一是早期無角的形態，二是晚期有角的形態。無角之龍又稱「虯」，上古音是「glu」，和藏語表示水中之龍的「龍」字讀音一樣。

又例如，力言「龍」是古人見到天上的行雷閃電而生的想像，「專家」也從音韻上考據：

《太平禦覽》卷929引《說卦》云：

震爲雷，爲龍。

《山海經·海內東經》云：

雷澤中有雷神，龍身而人頭，鼓其腹，在吳西

《淮南子·地形篇》云：

雷澤有神，龍身人頭，鼓其腹而熙

《史記·五帝本紀》正義引《山海經》云：

雷澤有雷神，龍首人頰，鼓其腹則雷。

「專家」認爲，古人把「龍」和「雷」聯繫在一起記載，「龍鼓起腹」就會發出「雷」鳴般的叫聲，說明「龍」名是仿「雷聲」而取的。他們由此想像：大旱之際，人們站在田間，百無一計，此時，天空中傳來「隆隆」

的雷鳴之聲，雲中金蛇狂舞，甘霖突降，人們欣喜若狂之情可想而知。久而久之，人們把雷雨現像稱之爲「隆」，文字出現後，繼而用「龍」加以代替。這或許也是中國祖先將龍作爲圖騰的一個原因。[1]

龍與蛇的文物證據

我不是說「專家」所言完全沒有根據，但有時實在推演太過，其「斷估」的程度較神秘學研究者有時還要離譜。譬如上述說「人們把雷雨現像稱之爲『隆』，文字出現後，繼而用『龍』加以代替」，根本沒有參照「龍」古字的演變，完全是想當然式胡扯。即使其他的理論較「硬淨」，沒有那麼離譜，我也要問一句：音韻上或許出現這線索，但其他方面的證據呢？文獻呢？實物呢？

考古學上有所謂「三重證據」法，即將歷史文獻、考古史料、口述歷史三者結合。而所謂考古史料，便是從地下出土的新材料（實物）。

很可惜，持「龍是鱷魚說」的專家，大體上也沒有什麼文獻上或實物上的證據。所謂「早期龍形象多爲巨頭寬吻」，我找來找去也不知他們的根源何來。後來在一幅龍演變推測圖中，是一些石刻或青銅刻的臨摹，誠然非常肖似鱷魚，可是究竟他們憑什麼認定這就是「龍」的原形，而不是單純的鱷魚描繪圖？

事實上，龍的「出土文物」，從距今約六千年的紅山文化、大汶口文化的C字形玉龍，到商代的青銅龍紋，不難見到其形象經歷了由粗簡到精細的過程。普遍認爲，龍經歷夔龍期（仰韶文化、大溪文化、屈家嶺文化、大汶口文化、龍山文化期，經商周，延續到秦漢）、應龍期（概念很早，早見於商周，但作爲藝術分期的應龍，可能始於秦盛於漢，延續到隋唐)、以及黃龍期(始於唐宋，遼、金、元奠定了形象基礎，盛於明清)。

1971年內蒙古古翁牛特旗三星他拉村出土玉龍

但無論怎樣演變，龍的主要形像還是與蛇比較接近，戰國時期的雕刻和掛件設計上體現出來的龍，與紅山文化的玉龍相差並不多。而且這演變與「龍」字的演變，是較爲吻合的。故宮博物館的研究員楚戈撰寫《龍史》，亦從文字演變、文物、文獻等駁斥「龍是鱷魚說」。[2]

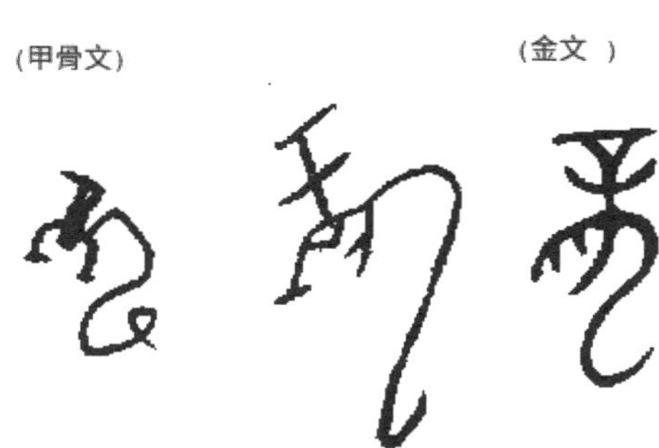

甲骨文的龍字　金文的龍字　納西文的龍字

註1：董玉潔：<中國龍vs西方龍：文化的誤讀>，世界知識出版社期刊中心

註2：楚戈，《龍史》，楚戈出版社，2009。

龍的蹤跡與都市傳說

那麼，龍會否「眞有其龍」？古代無數文獻裡，原來藏著不少百姓目擊龍的記錄。本文開首提到，蔡墨說後世因馴龍官職棄失而不見龍，但從下面的記載來看，事情又未必盡然。

《後周書》記載：「大象中，滎州有黑龍見，與赤龍鬥于汴水之側，黑龍死。」

《隋書·五行志》：「梁天監二年，北梁州潭中有龍鬥，噴霧數里。」

《北夢瑣言·石晉龍鬥》：「石晉時，常山帥安重榮將謀幹紀，其管界與邢臺連接。鬥殺一龍，鄉豪有曹寬者見之，取其雙角。」

《隋書·五行志》：「大同十年夏，有龍夜墜延陵人家井中，明旦視之，大如驢。」

《隋書·五行志》：「後周建德五年，黑龍墜于亳州而死。」

《清史稿·災異志》：「咸豐三年十一月，西寧西納川降孽龍，臭聞數里。」

以下的文獻記載得更詳細了。清代袁枚《續子不語·龍誅龍》說：「乾隆辛亥八月，鎮海招寶山之側，白晝天忽晦冥，有兩龍互擒一龍，摔諸海濱，大可數十圍，如人世所畫龍狀，但角頗短而鬚甚長。始墮地，猶蠕蠕微動，旋斃矣，腥聞里許。鄉人竟分取之，其一脊骨正可作臼，有得其頷者市之，獲錢二十緡。」

《太平廣記》第425卷引《錄異記》，民衆甚至見到一大群龍：「蜀庚午歲，金州刺史王宗郎奏，洵陽縣洵水畔有青煙廟。數日，廟上煙雲昏晦，晝夜奏樂。忽一旦，水波騰躍，有群龍出于水上，行入漢江。大者數丈，小者丈余，如五方之色，有如牛馬驢羊之形。大小五十，累累接迹，行入漢江，卻過廟所。往複數裏，或隱或見。三日乃止。」

《西京雜記》：「瓠子河決，有蛟龍從九子自決中逆上入河，噴沫流波數十里。」

《南史》：「梁江陵城壕中，有龍騰出，煥爛五色，竦躍入雲，六、七小龍相隨去。」

西漢末年，一部專門述記奇聞異事的書，名爲《別國洞冥記》，甚卷三記載：「西域獻火龍，高七尺，映目看之，光如聚炬火。」[1]

《唐年補錄》記載：「唐咸通末，舒州刺史孔威進龍骨一具，因有表錄其事狀云：州之桐城縣善政鄉百姓胡舉，有青龍鬥死于庭中。時四月，尙有繭箔在庭，忽雲雷暴起，聞雲中擊觸聲，血如釃雨，灑繭箔上；血不污箔，漸旋結聚，可拾置掌上，須臾，令人冷痛入骨。初，龍拖尾及地，繞一泔桶，卽騰身入雲，乃雨，悉是泔也。龍旣死，剖之，喉中有大瘡。凡長十餘丈，身尾相半，尾本褊簿，鱗鬣皆魚，唯有鬚長二丈，其足有赤膜翳之，雙角各是二丈，其腹光白齟齬。時遣大雲倉使督而送州，以肉重不能全舉，乃剸之爲數十段，載之赴官。」

到了民國，一部《華亭縣志·災異說》也記述：「民國二年癸醜秋八月，望南區吳家堡椿林寺後溝西岩崩陷，裂隙如屋，崩岩似城，崩時雷電風雨大作，有龍緣東山飛去，長四五丈，金光遍體，過處山草盡偃，崩岩石上多呈礦質，燦爛映日，人多見而拾之，余亦親往觀查焉。」

看到這裡，最令人疑惑的是：倘世上真的存在「眞龍」，何以近代完全不見任何屍骸、化石、標本或由現代科技留影？

僞做的都市傳說

我們不妨先看看一則曾在網絡上鬧哄哄的都市傳說:

「柬埔寨吳經理傳來的：不是親眼看到我也不相信，今天晚邊來龍山上空烏雲大片，怕下大雨，我和幾個朋友從來龍山下來，突然一道閃電過後，我抬頭一下，我的媽　呀，發現一個不明飛行物穿過烏雲，很像傳說中的龍，本來我還在想是不是幻覺，我們快到山下時就有很多人在說，來龍山上空掉下來一條龍，受傷很嚴重，被附近居民帶回家，我和幾個朋友跑那人家裡去看了，肚子受了重傷，現在正在聯繫電視記者中。」

筆者告訴你，眞相是：這條「龍」，其實是2014四川美術學院的畢業作品展，名爲[1934.8.8]。

四川美術學院的展品，成爲網上的著名謠言。

在日本大阪市浪速區的瑞龍寺，據稱收藏了眞龍標本(圖5)。該標本身長約1公尺左右，頭上有角，嘴邊有長鬚，眼形巨大，後腳短小，蛇狀的背脊，全身附有鱗片，被塗滿金漆，經過防腐過程而保存下來。

瑞龍寺的龍標本。

據講，在日本明治十一年幕府時代，有一條小龍由中國輸至日本，而在大約370多年前，由一名日本商人從中國某港口弄到手，再轉讓賣給了萬代藤兵衛做爲收藏。萬代藤兵衛是有名的收藏家，後來將龍捐給了日本大阪市浪速區瑞龍寺，還做了一個箱子，叫「升龍箱」。

這具「標本」，可想而知，瑞龍寺當然不可能供外界的動物學家作深入研究，如驗DNA什麼的。我們單憑圖片，甚至親身飛往大阪觀摩，恐怕也得不出什麼結論。值得一提的是，瑞龍寺還收藏了如美人魚、河童等標本，皆是由富商萬代藤兵衛所捐贈。這些常人畢生難得一見的「幻之生物」，這位富商竟可一一收集，難免令人生疑，加上古時素有僞造美人魚標本的風氣，由此引證，有人製作龍的標本，完全不足爲奇。

小結

- 龍是鱷魚說，雖然一些專家提出甚爲刁鑽的理據，但這種學術遊戲，不同學者得出不同的結論，頂多能視爲參考，不能當作「眞理」。
- 龍是鱷魚的理論，與文獻、出土實物、文字演變甚不相符。
- 目前「專家」對中國龍的實質與原形提出大量理論，雖各有依據，但也有疑點，學界沒有所謂的共識與公論。
- 「專家」的所謂硬派學術研究，較諸神秘學愛好者的「大膽假設」，可謂好不了多少，偏見屢現，牽強起來，更是慘不忍睹。

註1：部分古文出自中國博客趙自強的發掘整理。

龍之狂想曲

探索龍的底蘊，筆者試圖以橫向比較來「突破盲腸」(港式潮語，意爲突破盲點)。當然這方法堪稱離經叛道，不爲主流文化界所接受，但沒相干，在下又不是寫學術論文，管他們那麼多！

至於縱向的研究，亦即爲龍尋根，歷來已有大量專家、學者孜孜不倦去做。無他，這群人自稱龍的傳人嘛，連龍的「來龍去脈」也搞不清又怎好意思呢？大量的資料擺在案頭，雖然我對「專家」之言時有懷疑，但總不能如此傲慢看也未看便一句抹殺。之前已概括爲大家介紹了學術界這些年來在搞什麼，也扼要分析了「龍是鱷魚說」、「龍是綜合圖騰說」這些主流說法並提出本人的質疑。

爲龍溯古，不妨先看看商代以前的出土文物。早在1970年代，內蒙古出土一款「C」型玉龍，經考古勘查確認屬於距今約5000多年的紅山文化遺物。

其後的考古陸續發現，由紅山文化以至夏商文明出土的玉龍，都有大頭曲尾、首尾相接作環狀的相同特徵。有人看到此造形，忽發靈感，這豈不是與生命起源的「肧胎」十分相似？

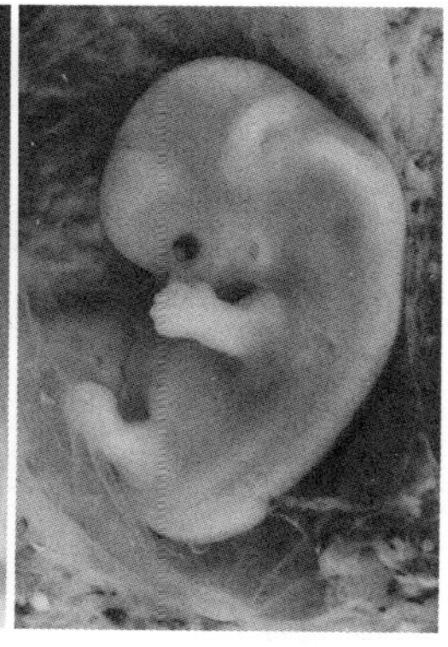

紅山文化的C字玉龍與肧胎甚爲相似。

例如：

· 內蒙古翁牛特旗紅山文化遺址出土的「玉龍」便彎曲成"C"字形；
· 內蒙古巴林右旗紅山文化遺址出土的「豬龍」首尾相接成環狀；
· 山西襄汾陶寺夏文化遺址出土的「蟠龍紋」形狀像蛇，捲曲成爲一個圓環；

這種形態，與哺乳動物的胚胎形態頗爲相像。換言之，「龍的崇拜」原來是一種「胚胎崇拜」！

持這種理論的學者也不算太少，如邱瑞中早於上世紀80年代在《內蒙古師大學報》發表《龍的始原》，根據殷周青銅器和玉器上的龍造型和龍紋飾，認爲龍的原型來源於脊椎動物初期的胚胎；王小盾《中國早期思想與符號研究》認爲龍的本質是「胚胎狀態和孕育狀態」。

他們指出，儘管龍後來演變出我們現在所見的模樣，但本源其實是一種生命的崇拜禮贊。

因爲中國上古時代的思想體系，是圍繞太陽的運動而結構起來的，其特點是將萬事萬物理解爲從生到死、由死復生的過程。因此，上古宗教意識的核心問題是生命崇拜（生命與太陽關係密不可分），而龍信仰則是這一思想體系的重要環節。

但單憑出土玉龍呈環狀C形便判定是胚胎崇拜，實在有點武斷。

當然，這派學者亦提出了一些間接的論據：

·《說文解字》中，「巳」是未成形的胎兒，「子」是成形出生了的胎兒，「巳」無臂「子」有臂；除子、巳、字外，尚有乳、育、娠、妊等字與胚胎相關，這些字描述了胎兒出生的全過程。

· 龍在十二生肖中屬「辰」,辰的原始涵意是表示生命發動。
· 這派學說認爲太極圖代表兩個性別不同的胚胎合組，可見胚胎學曾對中國古代哲學有過決定性的影響。
· 古人早已對胚胎解剖學有相當研究。如古代印度人正是如此，佛經《佛說胞胎經》裡，細緻描寫了人類胚胎自構精、受胎、成人至降生的過程，經歷凡三十八個「七日」。

曾幾何時，筆者作如此推想：說到龍與生命的關係，我聯想起「人面龍／蛇身」的上古神女媧與伏羲。女媧與伏羲的蛇身交尾而成螺旋狀，恰如DNA的分子結構。如果「龍」眞的在暗示肧胎，那麼上古中國人對生命之源的認識，實在令人驚訝。如果沒有外來生命體(外星人或神佛)的傳授，較具信服力的解釋，便是古人一早已掌握洞察人體的技術。這種技術，術語叫「內視反觀」。

不過，龍(中華龍)的本源若是「胚胎」崇拜，這與本人的橫向研究結果又有點不符，曾一度令我相當困惑。

後來接觸到另一些考古資料，才豁然開朗：

1982年5月，阜新地域文物普查隊在阜蒙縣沙拉鎭查海村發現了一座古代村落遺址。到了1990年，考古隊發現了龍紋陶片。類龍紋共發現兩塊，直徑約10釐米，一塊爲龍的尾部，一塊是龍的腹部。尾部彎曲上翹，腹部回跌盤旋，並以浮雕手法表現壓印鱗狀紋飾。

如果拿這龍紋陶片與龍山文化的蟠龍圖作比對，不難發現這造形很可能是一脈相承。這些蟠龍圖，望眞一點，說盤蛇也無不可。亦即是說，環狀的龍文物，未必一定是胚胎，也可能是盤蛇。

龍山文化早期褐陶盤彩繪蟠龍紋

蘇秉琦教授認爲，阜新查海是紅山文化的根系之一。中國文明起源，北方先邁了一步，查海七、八千年的玉器就是證明，查海遺址時間比紅山文化早一個階段。

教世人觸目的還在後頭。1994年9月，在阜新查海遺址的挖掘中，遺址的中心部位，緊靠大型房址地南側，墓地上方，出土了一條的長19.7米，寬1.8－2米的龍形石堆塑，全部用紅褐色大小均等的石塊堆塑而成，頭南足北，飾有雲帶。龍形昂首張口、彎身弓背，尾部若隱若現。

阜新查海遺址的龍形石堆。

考古專家原故宮博物院院長張忠培、原遼寧考古研究所所長郭大順等集體鑒定這是一條龍形堆塑，遺址經碳14檢測，距今8000年。這是目前在中華發現年代最早、體型最大的龍形文物，證明中華龍源於八千年前的遼河流域。

這發現，反而與筆者的「橫向研究」完全沒抵觸。本人認爲：在全球的龍神話裡，龍擁有多種共同特徵，其中「長蛇軀幹」是一大特徵。而原來，八千年的遼河流域已出現這種龍的形象！

如果你覺得一堆石塊堆塑不足以證明那便是「龍」，不妨看看河南濮陽西水坡的蚌塑龍虎圖。

1987年，濮陽西水坡發現一處墓葬，墓葬的主角身旁有兩隻以蚌堆砌而成的「動物」，專家命名爲「蚌塑龍虎圖」。該文物距今約有6400多年。

墓主東邊是蚌龍，西邊是蚌虎，北邊是用三角形蚌塑和兩支人脛骨代表的北斗。由於北斗的存在，顯示它很可能是一組關於天象的符號。

有人曾用消除歲差的天文學計算方法求得了6000年前星圖，發現它和濮陽蚌塑龍虎圖所反映的天象是基本吻合的。

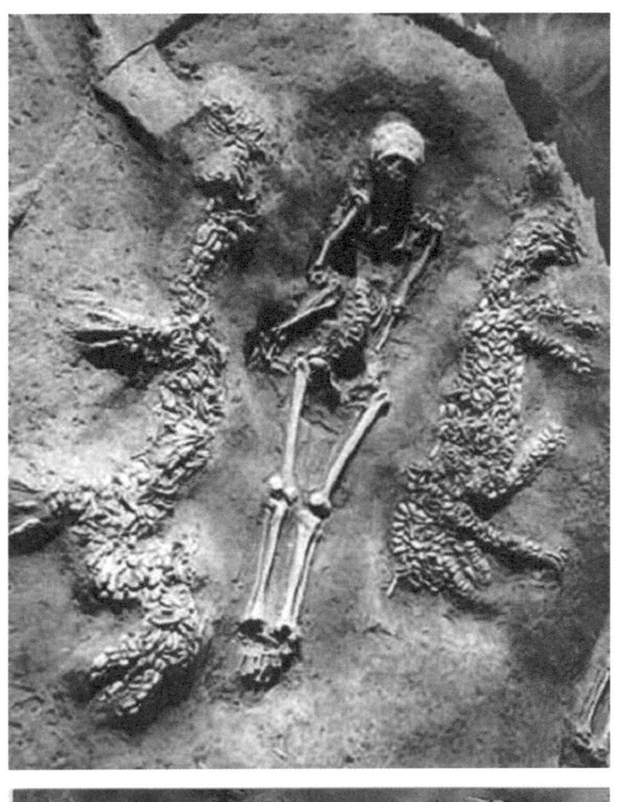

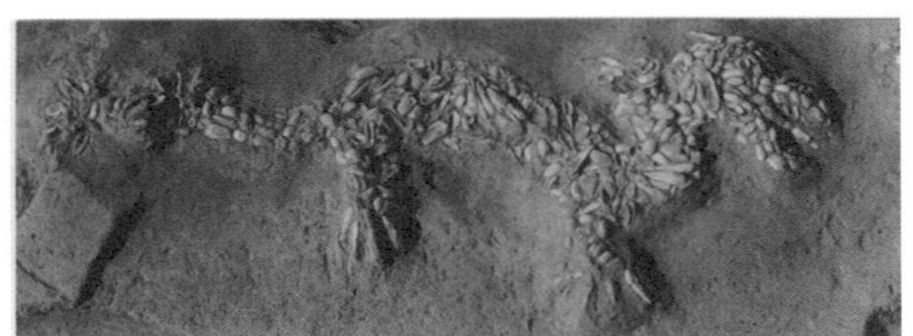

蚌塑龍虎圖

從甲骨文金文的研究來看，商代的人已有豐富的天文學知識。而濮陽墓葬更證明，早在六千年前的上古人已對天文觀測發展出系統。

值得一提的是濮陽墓葬中還另有兩組蚌塑圖：一組在45號墓南去20米處，作合體龍虎的形象；同一軀體，北邊是面向西方的虎頭，南邊是面向東方的龍頭；龍虎背上有一隻鹿，龍的頭部則有一隻蜘蛛和一塊石斧。

另一組再往南去25米，作人騎龍、虎奔走的形象。虎在北邊，頭朝西方；龍在南邊，頭朝東方，龍身上騎一人。

考古學家張光直解釋，這種形象所表達的是墓地主人乘龍虎升天。按照道教的說法，有道行的人和借著龍、虎、鹿三蹻的腳力，上天入地與鬼神相交。可見道教龍虎觀與古老的乘龍虎升天的觀念有淵源。

上古的龍虎圖，大多藉青銅器保存下來，這種組合紋飾於商代青銅器處可見得到。如在河南鄭州北郊小雙橋出土的一件青銅建築構件，其紋飾便有龍虎合像圖。

而濮陽墓葬蚌塑圖更證明上古的人已建立了以龍象徵東方和春季標誌星、以虎象徵西方和秋季標誌星的觀念，與當時的歷法和天文觀測相對，說明古華夏人已有重視春、秋二分的系統，並相信龍虎是人賴以升天的媒介。

小結

- 中華龍，誠然在「演化」過程中，由簡單到複雜，逐漸增加了一些元素(龍有九似)，但原初的龍，早在八千年前，其造形已與現今的中華龍甚爲接近，那些硬指龍是馬、龍是鱷魚的理論，可以休矣。
- 就算紅山文化的玉龍有胚胎的含意，也不代表它便是龍的本質。
- 或許，紅山文化疑爲胚胎的文物，壓根兒就是代表「胚胎」，並不是指「龍」。
- 由於後世流傳有青龍、白虎並列的概念，所以濮陽蚌塑龍虎圖的「龍」，很難說它不是龍。
- 紅山文化的C字玉龍、龍山陶盤彩繪蟠龍紋、濮陽蚌的龍皆是長身曲體，筆者認爲這是否定「龍爲鱷魚說」的重要證據。
- 龍與星宿觀測的關係，很值得研究者留意。

先民對龍的集體意識

研究東方龍的過程中，筆者發現一個頗有趣的現象：中國龍主要以長蛇軀幹爲主體(有角是最典型的龍；無角的包括螭龍、蟠龍、虬龍、蛟龍)，但旁枝的「造形」‧也有魚龍、象鼻龍、玄武龍、天黿龍、豬龍、馬龍等等，如魚龍是龍頭魚身、天黿龍是龜形的龍……似乎古華夏人對於把一切都歸入「龍」的家族，非常樂此不疲。

重重思維迷霧裡，適時運用逆向思考，說不定有所得著。筆者有種強烈感覺：「龍」，似乎很早很早已存於古人心中(從考古的證據來看這種猜想應該正確)，不曉得他們是口耳相傳一代傳一代談及龍的事跡，抑或在集體潛意識中深深埋下龍的印象，總之，上古先民的觀念裡，龍是實際存在的。

但是，誰也沒有眞正見過龍；可能有人見過，卻爲數不多；又或者，見過龍的人已不存世(參看魏獻子和蔡墨的對話)。總之，自古相傳有龍，古人也聽聞若干龍的特徵，但又不肯定什麼東東才是龍。於是乎，東家的陳某見到一條怪魚，便說是龍；西家的李某見到鱷魚，也說是龍。所以才會出現主流以外的各種龍造形。

至於爲什麼早在八千年前的遼河流域、六千年前的濮陽墓葬、五千多年前的紅山文化，所出現的龍皆是長蛇軀幹(往往帶角)，恰恰與後來明、清朝較「近代」的演變造形一脈相承？筆者無責任猜想：古代有一些人／族群，掌管了遠古的知識，他們操控了龍的話語權，並以神話、文字、圖像把龍之意識留存下來，直至如今。

這族群，於上古，叫「巫」！而這些掌握知識與技術的特殊階層，把「龍」的文化在全球範圍左傳右播，方會出現全世界神話的「龍」如此多雷同的元素。

東西方龍高度相似的猜想

至於在筆者的研究裡，東方與西方的龍，有太多隱密的相似點，並不像主流學說般毫不相干。至所以出現此神秘現象，離不開幾個可能性：第一，龍曾經眞實存於世上，全球不少人類曾目擊此異獸，並各自在傳說中留存下來。後世東、西龍出現差異，只因「龍」擁有不同品種，遠古東、西方人見到的「龍」不一樣，自然有大同小異（或大異小同）的記述。

第二個可能性：世上本無龍，純屬人類幻想創作。要解釋東西方龍的雷同，有幾個可能性：一、完全是巧合；二、上古文明早有交流（一支神秘族群在四方奔走活動）；三、所有文明皆來自同一源頭，是爲「文明同源說」。熱愛神秘學的讀者、網友，看到這裡，應不難發現亮點了：是的，龍的探討之所以有趣，正正在於牠可貫串多個神秘學的大話題。

先回頭看看第一個可能性。如果世上曾存在「龍」這種異獸，牠究竟是什麼？

龍與恐龍的隱密關係

世上是否曾經存在一種生物，於地球有重大「地位」，誰也不敢忽視，但後來又失去踪跡？答案呼之欲出，是恐龍。

有沒有可能，龍，便是恐龍呢？

如此狂想不僅僅是筆者的專利。大陸一位研究古華夏文化，也熱衷研究龍的學者王大有也曾提出：「龍，被古人公認爲最原始的祖型，可能還是恐龍。古人以具有四足、細頸、長尾，類蛇、牛、虎頭的爬行動物爲龍，這可能是古人當時見到並描繪下來的某種恐龍形象。……或許古人見到的龍，眞的就是恐龍，後來它們漸漸見不到了，才把它的同類海鱷、灣鱷或揚子鱷與其視爲一類，加以崇拜。」

爲何個別學者有此懷疑？（作者按：他們僅是略有懷疑，我未曾見到有人提出論據），因爲在少數出土文物中，赫然見到猶如恐龍的生物形象，例如漢代墓室龍畫；又例如1978年湖北省隨縣曾侯乙墓出土的戰國曾侯乙編磬，磬兩旁的「龍」，與史前眞實的生物「長頸龍」何其相似。

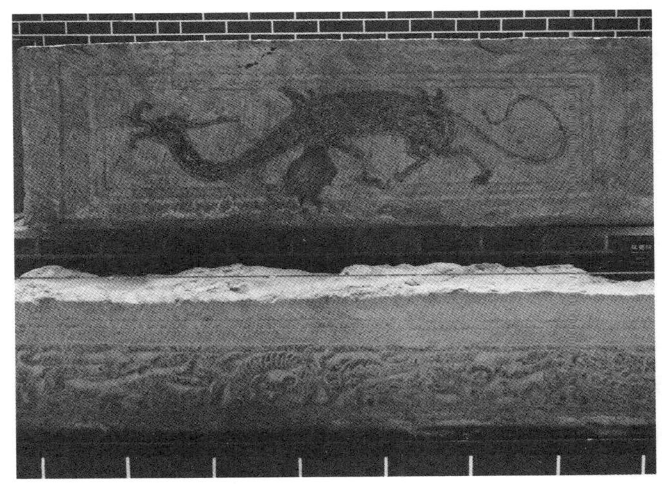

漢代墓室龍畫肖似長頸龍

戰國曾侯乙編磬的「龍」根本就是長頸龍！

筆者以下將提出更多「線索」(實在不敢稱爲證據)，供讀者參詳。全球「龍」家族裡，我們不難發現幾款「經典」造型，爲方便區分，筆者在本書把牠們粗分爲三類：

一、擁有圓狀的修長軀幹，猶如大蛇，活在海裡的龍：這包括螭龍、蟠龍、虺龍、蛟龍；西方原始意義的Dragon(拉丁語draconem指巨大的蛇，古希臘語drakon指巨大海蛇或海中怪獸)；印度神話阿難陀(Ananda-sesa)；西方的利維坦(Leviathan)。以上這些「龍」主要以水爲活動範圍。比較特別的是我們熟悉的青龍，牠雖然沒有翼，卻懂得飛，我們先把它視作一種例外。

二、同樣擁有大蛇軀幹，但多了翅膀的龍：這包括中國的應龍；希伯萊神話的Seraphim(《以諾書》裡Seraphim的意思是大蟒，擁有四肢與六個火焰之翼)；美洲羽蛇神(Quetzalcoatl)；埃及蛇神(Wadjet/Edjo)。

三、擁有猶如巨型蜥蜴身驅、或像大型走獸的龍：這包括較典型的西方龍如北歐貝奧武夫之龍、威爾士紅龍白龍；巴比倫的怒蛇(Mu hu u)；中國的麒麟、部份中國龍(如唐朝鎏金銅走龍)。

筆者懷疑，上述的三種「龍」，竟然可以分別與幾類「恐龍」相互對應！

這裡所說的恐龍，僅是籠統的說法。生物學上，恐龍指四肢直立於身體之下，而非往兩旁撐開，牠們出現於晚三疊紀卡尼階，持續生存到晚白堊紀馬斯垂克階的爬行動物。同期的史前爬行動物，如翼手龍、魚龍、蛇頸龍、滄龍、盤龍類等，科學分類上均不是恐龍。

但這無關宏指，本文旨不在搞科普，只想探討：世界各地的龍，其原形，有沒有可能是恐龍一類的史前爬行生物？以下就是筆者一些證據不甚充足的比附，僅作拋磚引玉。

(一) 就以最「典型」的西方龍爲例，一直以來，西方龍被視爲一條能噴火的大蜥蜴。無獨有偶，英國古生物學家Richard Owen於1842年創作恐龍（Dinosauria）一詞時，便是衍化自古希臘文，以希臘文的dino(恐怖的)和saur(蜥蜴)來命名。

神秘學知識裡，「龍」是溫血生物（因爲牠懂得噴火？）。在20世紀初，科學家都認爲恐龍和現代爬行動物一樣，屬於冷血動物，但自1970後，越來越多科學家提出恐龍也是溫血動物的假設。許多恐龍的身上具有鱗甲，這也與「龍」的特徵相似。

居住於古代中亞地區的西徐安人，或將當地發現的原角龍化石，描述成獅子身體、大型爪、以及鷹頭，且守衛黃金的生物，成爲獅鷲的形象來源（維基百科）。雖然很少人把「獅鷲」歸類爲龍，但筆者認爲牠與「怒蛇」的特徵，甚至各種龍的特徵頗有相通處（見<全球龍族大聯盟>附表）。

(二) 如果說「獸身龍」的原形是恐龍，「蛇軀龍」的原形便應是「滄龍」。滄龍科（Mosasauridae）是種如蛇般彎曲的海生爬行動物，活於白堊紀，古生物學家認爲滄龍類與恐龍一起滅絕於白堊紀-第三紀滅絕事件中。sauros在希臘文意爲蜥蜴。

有些神秘動物學者認爲，近代那些大海蛇的目擊個案，其主角的眞身很可能是滄龍類。當然，正如尼斯湖水怪一樣，至今仍沒有任何活體發現，骸骨方面，所出土的滄龍類骸骨也沒有來自白堊紀末滅絕事件後的標本。

（上）滄龍科的化石(Robin Zebrowski, CCA 2.0, Wikimedia Commons)；（下）傳說中「龍」的幻想圖（Photobucket）

(三) 單純看造型，應龍或羽蛇神，最能對應的當然是翼龍。翼龍類屬於主龍類，是在三疊紀時期與恐龍分開演化，但並非陸棲動物。還記得中國龍的傳說中，頭上有「尺木」(龍角)的，才能升天？恰巧，自從1990年代以來的新發現化石與詳細研究，發現翼龍類普遍具有頭冠。雖然，翼龍類並沒有發現羽毛證據，但至少部份翼龍類覆蓋者類似毛的絲狀結構。

另外，隨著越多的研究，證明恐龍具有更多鳥類的生理構造特徵和行爲，生物學上更靠近於鳥類。

試幻想一下，一只有角，長著雙翅有羽毛的恐龍，豈不是像極了應龍／羽蛇？

(上)翼龍的化石。(下)傳說中飛龍的幻想圖。

然而，最讓人抓破頭腦的是：主流學說指出，恐龍早於6,500萬年前已滅絕，人類與恐龍按道理沒有任何相遇的機會。

但世上疑似出現恐龍蹤跡的文物實在多得嚇死人。這裡隨便舉幾個例子：首先我們看看一件文物，名爲納爾邁调色板（Narmer palette）。納爾邁是古埃及第一王朝的首位法老，被希羅多德稱爲「美尼斯」。傳說他以武力統一上下埃及，並建都孟斐斯。該文物上雕刻了一隻「怪獸」，看起來頗像長頸龍。此外，有一件出現於吳哥窟的雕塑文物，造型像極了劍龍。

納爾邁调色板上可清晰見到長頸龍。

吳哥窟雕塑中的劍龍。

這種恐龍遺物在全球各地皆有發現，日本人南山宏便撰寫了一本書搜羅大量例子（台譯：《超神祕X檔案：恐龍新證據》，大陸譯《圖解未知世界：不可思議的恐龍遺物》），企圖指出人類和恐龍曾經共存。

據筆者了解，箇中例子眞假夾雜，本來頗影響其可信性，但你不妨細心想想：即使當中僅有一、兩宗為真，即足以顛覆人類對恐龍，乃至人類發展史的認知。

莫非，「龍」是古人對恐龍的敬畏與恐懼，投射在神話與傳說，經過無數歲月流傳與創造，所衍生出來的生物？

此處帶出一個疑問：如果人與恐龍曾經共存，那麼究竟是：

1.人的文明史遠較目前的常識源遠流長得多，歷史學家統統搞錯了；

2.恐龍一直未滅絕，只是隱匿於地球某處，偶爾現身人前遭目擊？

如果答案屬後者，我們該問：有沒有類似的目擊個案？原來是有的。

在一本名為《A Living Dinosaur》(1987)的著作裡，記載了一些疑似恐龍目擊個案。譬如在非洲剛果，1981年當地人發現有神秘生物殺死三頭大象，目擊者稱此生物為(emela ntouka)，根據他們的形容，作者認為emela ntouka可能是史前的三角龍或同類有角恐龍。

類似的神秘生物目擊個案不勝枚舉。當然我們難以確定那些生物是恐龍與否，抑或是其他未知生物，甚至難以猜測那些個案屬實與否。最經典的要數尼斯湖水怪，搞了這麼多年，正反證據雙方各提出一大堆，至今依然人言人殊。

懷疑論者難免質疑：以現今科技，如此龐大的巨獸，能躲到哪裡去？怎可能數百年來也沒有確切證物面世？

面對如斯強烈的質疑，神秘生物學的信徒，唯有搬出「地球中空論」乃至第四度空間等理論來自圓其說了。

對本人來說，除非涉嫌造假，否則文物上的證據是較為可信的。畢竟，即使古人想像力再豐富，也很難無中生有「創作」出與恐龍幾近一模一樣的異獸。與其堅信一切只是巧合，我寧可相信這是一種紀錄。

至於全球「龍」的原型是否就是恐龍及同期的古生物，實在有待更多證據出土或曝光。在一個似訛傳訛的世代，但願有眞相大白的一天。

後記

終於完成這一趟神話解碼之旅。本書雖非學術著作，作者卻力求所言所想有理有據，避免無的放矢。然而，本書舖陳的「證據」能否說服你其實無關痛癢，信者恆信，不信者恆不信，世上本無事，庸人自擾之。只要本書能稍稍刺激觀者一點點想像空間、改變一點點既定觀念，於願足矣。

聰明的讀者或許發現，有兩個課題與本書關係密切，而本書偏偏沒作處理（眞失格）。一是「時間」課題：假如這些神話當眞有承傳關係，那麼孰先孰後？誰是發源者誰是繼承者？二是「空間」課題：如果這神話有一個共同源流的話，究竟在哪裡？

關於先後，這牽涉考古與歷史範疇，要爲這些神話母體尋根絕非易事，亦非筆者能力所及，所以請恕我揚長避短，避而不談。至於發源地，西方主流史觀大多主張美索不達米亞爲人類文明搖籃，亞洲卻不少學者不以爲然。中國學者固然不斷爲華夏文明尋根，企圖證明那古遠的夏朝，甚至爲傳說的三皇五帝時代定調；印度也有學者亦不甘示弱，力陳先祖才是爲人類文明帶來重大貢獻的偉大人物。

在神秘學領域，那些聽來荒誕而又引人入勝的論調，卻可令人跳出上述二元爭論：有沒有可能，人類的文明起源並非現今教科書描述，反而像神話所說，人類已經歷多次滅亡與重生，現在已是「第N個」時代，我們流傳下來神話其實低訴著那消失了的超古代文明？

正如本書提及的蘇美人，他們留下來的紀錄極少，學者只能旁敲側擊才知曉他們的存在，而且不知他們從哪裡來往哪裡去；同樣，神秘的雅利安人亦屬神龍見首不見尾。各地神話裡反覆歌頌、爲文明奠基的「賢者」與「巫者」，他們是否掌握史前人類流傳的知識？如果這一切只是神化幻想，那麼那些難以解釋的歐帕茲（OOPArt，時代錯誤遺物）又作如何解釋？

筆者大約於12年前開始撰寫華夏傳說奇聞，約在8年前比較系統地研究龍的謎團，於此過程中，讀者所見到、本書呈現的各種神話密碼，一塊又一塊的「拼圖」或有心或無意地浮現在我面前（如果讀者有收聽本人的Youtube節目「異界默示錄」，或許見證著箇中解碼過程）。而在埋手書寫本書時，更多的拼圖又神推鬼擁般來到案頭和熒幕前，仿如天啟，令人欣慰；副作用是使完稿時間一再拖延，若非「死線」摧迫，本書的問世日子不知到何年何月。

對筆者而言，本書的解碼只是起步而非終點，可是要「儲夠料子」完成下一部解碼書恐怕非一兩年間可辦得到，除非「天啟」一再光臨，一如本人的節目名稱般受到「默示」，方有機會提早面世。

在那一天到來之前，讓我們保持追尋之心。書本之緣，網上再續！

阿愚（列宇翔）

2025年7月4日

參考文獻

書目

1. 雅筑安•梅爾(Adrienne Mayor)，《天工，諸神，機械人：希臘神話與遠古文明的工藝科技夢》，八旗文化，2019
2. 畢然著，《樓蘭密碼》，花城出版社，2011
3. 楚戈，《龍史》，楚戈出版社，2009。
4. 戴維 · 羅爾(David M. Rohl)，《文明的起源》，作家出版社，2000
5. 黛安娜 · 艾克(Diana L. Eck)，《朝聖者的印度：由虔信者足跡交織而成的神聖大地》，馬可孛羅文化，2022
6. 段渝，《發現三星堆》，香港中和出版社有限公司，2023
7. Foster, Benjamin R., trans. and ed. The Epic of Gilgamesh. New York: Norton, 2019.
8. 拱玉書，《日出東方——蘇美文明尋夢》，世潮出版有限公司，2002
9. 龔深，《腓尼基神話　影響希臘與羅馬神話，地中海紫紅之國的神秘傳說》，漫者文化事業股份有限公司，2022
10. 黃晨淳，《埃及神話故事[修訂新版》》，好讀出版有限公司，2018
11. 林耀琛主編，《中華奇聞錄》，中原出版社，1991。
12. 魯剛，《文化神話學》，社會科學文獻出版社，2009。
13. 默西亞 · 埃里亞德，《世界宗教理念史 卷一》，商周出版，2001。
14. 邱劭晴，《波斯神話故事[更新版]》，好讀出版有限公司，2024
15. 釋依淳，《本生經的起源及其開展》，佛光出版社，2012

16.寺田ともの り 、 TEAS事務所，《龍典：史上最詳盡龍族大典》，楓書坊文化出版社，2014
17.松本彌，《埃及衆神的冥界巡禮[後篇]》，楓樹林出版事業有限公司，2022
18.松本彌，《圖解古埃及神祇》，楓樹林出版事業有限公司，2018
19.黃靈庚：《楚辭章句疏證》(二冊)，北京：中華書局，2007年
20.王小盾，《中國早期思想與符號研究——關於四神的起源及其體系形成》，上海人民出版社，2008。
21.席路德，《美索不達米亞神話 西方諸神的原鄉，大洪水、挪亞方舟、伊甸園的創世源頭》，漫遊者文化事業股份有限公司，2023
22.楊學政，《原始宗教論》，雲南人民出版社，1991年
23.袁珂校注，《山海經校注(最終修訂版)》，北京聯合出版公司，2014。
24.袁珂，《中國神話傳說詞典》，中國計量出版社，2013
25.朱大可，《華夏上古神系》，東方出版社，2014

論文

1. Andrew Schumann, Vladimir Sazonov, “The Long Path of Nanāia from Mesopotamia to Central and South Asia”, Article in Studia Antiqua et Archaeologica · January 2022
2.Charles Penglase 著，梁宇彬、王春妮、孟楠 譯，張旭校，《伊南娜女神的神話》，西安外國語大學神話學研究小組。
3.陳淑芬、劉育玲，《試論布農族的射日神話》，南華大學。
4.丁孝明，《西王母淵源辨證》，《正修學報》第二十二期，2009

5.董玉潔：<中國龍vs西方龍：文化的誤讀>，世界知識出版社期刊中心

6.傅錫壬，<中國神話的口傳特質>，中國文化大學中文學報第三十一期頁1-16，2015年。

7.George FitzHerbert, “Constitutional Mythologies and Entangled Cultures in the Tibeto-Mongolian Gesar Epic: The Motif of Gesar ‘s Celestial Descent”, Journal of American Folklore, Volume 129, Number 513, Summer 2016, pp. 297-326

8.管東貴，《中國古代十日神話之研究》，《中央研究院歷史語言研究所集刊》33本 (1962/02) Pp. 287-329

9.郭大烈，《國內納西族研究述評》，原載《雲南社會科學》1983年5期、《新華文摘》1983年12期。

10.堅贊才讓，《略論〈格薩爾〉中仙女貢曼傑姆》(《中國藏學》藏文版，2000年第4期)

11. KOVÁ , Milan (2014): The Maya Myth about Two Suns. In Axis Mundi, Vol. 9, 1/2014, pp. 13-21.

12.李福清(B.Riftin)，《射日神話比較研究一以臺灣布農族神話爲主》，東亞文化31輯

13. 李晶，《吉爾伽美什史詩》譯釋，[學位論文]碩士，2008。

14.林立勝、葉超龍(2012)。河伯神話由來及形象差異探討。輯於《神話與文學論文選輯 2012-2013》(頁82- 89)。檢自:http://commons.ln.edu.hk/chin_proj_6/6/

15.Milan Kovac, THE MAYA MYTH ABOUT TWO SUNS

16.Romina Carboni, “Between Astarte, Isis and Aphrodite/Venus.

Cultural Dynamics in the Coastal Cities of Sardinia in the Roman Age: The Case Study of Nora",In book: Naming and Mapping the Gods in the Ancient Mediterranean (pp.561-576),2022

17.萬梓豪、曾梓維(2005)。<中外射日英雄神話淺論>。輯於《神話與文學論文選輯 2004-2005》

18.王孝廉撰：〈西王母與周穆王〉引《禮記》〈祭儀篇〉，見李亦園，王秋桂主編：《中國神話與傳說學術研討會》，臺北：漢學研究中心，1996

19.吳正浩，《中古時期的「生靈座」及其在西域的傳播》，陝西師範大學。

20.嚴文明，《中国文明的起源》，《國學研究》第四十四卷。引自中國歷史研究網：http://hrczh.cass.cn/ywdt_135233/zt/zgkgxbnlc/202102/t20210218_5603968.shtml

21.楊巨平，《娜娜女神的傳播與演變》，《世界历史》2010年第5期，2021

22.丁孝明，《西王母淵源辨證》，《正修學報》第二十二期，2009

23.莊裕周、陳朗榮，《論西王母形象之轉變》，2009。輯於《神話與文學論文選輯 2008-2009》。檢自: http://commons.ln.edu.hk/chin_proj_4/4

網站

1.https://archeology.uark.edu/indiansofarkansas/printerfriendly.html?pageName=Natchez%20Sacred%20Fire

2.https://www.archaeologynow.org/blog/lions

3.EGYPT INDEPENDENT:Ancient Egyptians invented first robot 4,000 years ago:study: https://egyptindependent.com/ancient-egyptians-invented-firstrobot-4000-years-ago-study/?fbclid=IwAR2T83q7JIFGBdmnJ5po65h_VlcX5d-1D2lMTh8qTl-AptdA95D-tUSfwaRLI

4.The Electronic Text Corpus of Sumerian Literature: https://etcsl.orinst.ox.ac.uk/index1.htm

5.https://www.legendarydartmoor.co.uk/2016/03/24/three_hares/

6.https://lionalert.org/lion-depiction-across-ancient-modern-religions/

7."GIZA The Pyramids and the Temporal Gateway": https://www.youtube.com/watch?v=xDpdJFlLpRE

8.The Melammu Project, The Heritage of Mesopotamia and the Ancient Near East.http://www.melammu-project.eu/database/gen_html/a0001522.html

9.https://richardbalthazar.com/tag/the-ten-suns/

10.https://scroll.in/article/916490/in-an-ancient-indian-legend-robots-guarded-buddhas-relics

11.THEOI GREEK MYTHOLOGY: https://www.theoi.com/

12.Tsem Rinpoche，https://www.tsemrinpoche.com/tsem-tulku-rinpoche/buddhas-dharma/palden-lhamo.html

13. "WORLD HISTORY ENCYCLOPEDIA", https://www.worldhistory.org/astarte/

14.中國哲學書電子化計劃，《山海經》，https://ctext.org/shan-hai-jing/zh

列宇翔作品

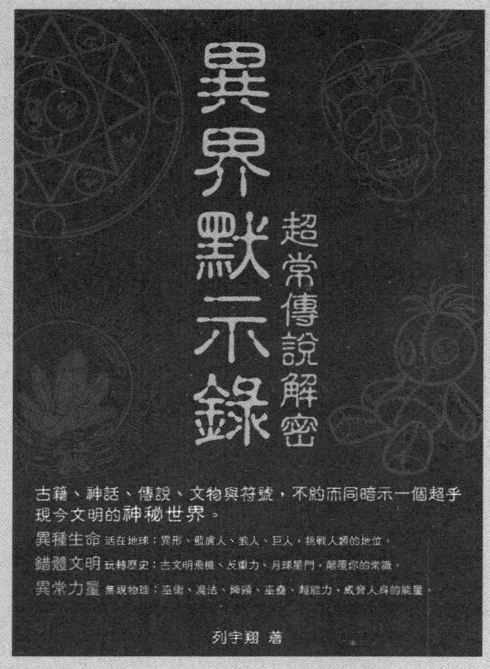

《異界默示錄　超常傳說解密》

生命的形態、文明的演化、人類的潛能，構成本書的主旋律。這些題材，看似無甚關連，背後卻猶如有一道引力把它們牽扯到一起。傳說、古籍、神話、文物與符號，不約而同暗示一個超乎現今文明的神秘世界。

異種生命活在地球：異形、藍膚人、狼人、巨人，挑戰人類的地位。
錯體文明玩轉歷史：古文明飛機、反重力、月球星門，顛覆你的常識。
異常力量無視物理：巫術、魔法、降頭、巫蠱、超能力，威脅人身的能量。

售價：港幣88元
國際書號：978-988-79374-0-1

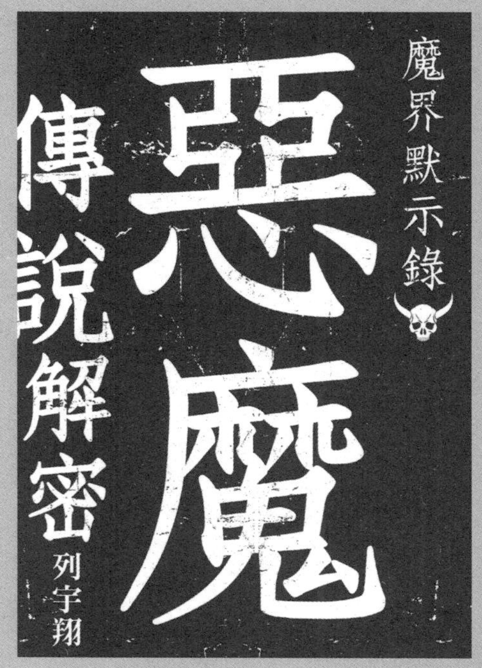

《魔界默示錄 惡魔傳說解密》

這是一本詳述惡魔傳說、追蹤魔鬼的歷史源流及秘聞。
-西方27歲死亡詛咀的始末，原來與魔鬼有關？
-傳說，那些才華橫溢的人，其實與魔鬼有契約？
-黑彌撒與血祭弄至人心惶惶，歷史上歐美更曾出現「撒旦恐慌」，此事件涉連甚廣…
-現代撒旦教的魔掌，竟已伸至政界、娛樂界、校園…？
-全球著名惡魔：撒旦、路西法、巴弗滅、阿里曼、魔羅、波旬、五帝大魔……身世詳盡考據。

訂價：港幣98元
國際書號：978-988-74120-7-6

列宇翔作品

《屍變傳說 殭屍・喪屍・吸血鬼》

殭屍、喪屍、吸血殭屍，在電影世界裡，它們的形貌、來源、能力均截然不同，一眼便可分辨無誤。其實，這些怪物並非只活在幻想之中，其根源來自人類古老相傳的恐懼－－屍變。

從民間傳說、考古發現、歷史紀錄、文獻檔案…….我們可發現「屍變」是人類的深層恐懼，而且這種活的傳說並未消逝，而且歷久常新地伴隨在世人當中……

定價：港幣118元
國際書號：978-988-75976-1-2

滅世謀局End Game

掀開陰謀帷幕，點燃話題熱潮！

準備好跳進一場充滿權謀、背叛與末世狂想的卡牌對決了嗎？《滅世謀局End Game》110張精心設計的卡牌，帶你直面深層政府、反抗者的激烈對抗，還有那些視滅世爲解脫的狂徒！選擇你的陣營，佈局你的謀略，準備顛覆一切。

作者簡介

列宇翔

自 2015 年書寫神秘學相關文章至今；YouTube 節目「異界默示錄」；著作包括《深層恐懼 美國都市傳說》、《屍變傳說 殭屍 · 喪屍 · 吸血鬼》、《魔界默示錄 惡魔傳說解密》、《異界默示錄 超常傳說解密》、《UFO 機密檔案解密 神秘學事典 3》。

古神密碼

《由山海經到蘇美神話》

作者　：列宇翔
出版人：Nathan Wong
編輯　：尼頓
設計　：叉燒飯

出版　：筆求人工作室有限公司 Seeker Publication Ltd.
地址　：觀塘偉業街189號金寶工業大廈2樓A15室
電郵　：penseekerhk@gmail.com
網址　：www.seekerpublication.com

發行　：泛華發行代理有限公司
地址　：香港新界將軍澳工業邨駿昌街七號星島新聞集團大廈
查詢　：gccd@singtaonewscorp.com

國際書號：978-988-71366-2-0
出版日期：2025年7月
定價　：港幣138元

PUBLISHED IN HONG KONG